本书受中南财经政法大学出版基金资助

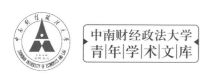

中南财经政法大学
青|年|学|术|文|库

艾思奇与
马克思主义大众化

王梅清　著

中国社会科学出版社

图书在版编目（CIP）数据

艾思奇与马克思主义大众化 / 王梅清著 . —北京：中国社会科学出版社，2017.5
（中南财经政法大学青年学术文库）
ISBN 978 – 7 – 5161 – 9602 – 1

Ⅰ.①艾… Ⅱ.①王… Ⅲ.①艾思奇（1910—1966） – 哲学思想 – 研究②马克思主义哲学 – 发展 – 研究 – 中国 Ⅳ.①B261②B27

中国版本图书馆 CIP 数据核字（2017）第 006765 号

出 版 人	赵剑英
责任编辑	田　文
特约编辑	陈　琳
责任校对	张爱华
责任印制	王　超

出　　版	中国社会科学出版社
社　　址	北京鼓楼西大街甲 158 号
邮　　编	100720
网　　址	http：//www. csspw. cn
发 行 部	010 – 84083685
门 市 部	010 – 84029450
经　　销	新华书店及其他书店

印　　刷	北京君升印刷有限公司
装　　订	廊坊市广阳区广增装订厂
版　　次	2017 年 5 月第 1 版
印　　次	2017 年 5 月第 1 次印刷

开　　本	710×1000　1/16
印　　张	11. 25
插　　页	2
字　　数	191 千字
定　　价	45. 00 元

总　序

　　一个没有思想活动和缺乏学术氛围的大学校园，哪怕它在物质上再美丽、再现代，在精神上也是荒凉和贫瘠的。欧洲历史上最早的大学就是源于学术。大学与学术的关联不仅体现在字面上，更重要的是，思想与学术，可谓大学的生命力与活力之源。

　　中南财经政法大学是一所学术气氛浓郁的财经政法类高等学府。范文澜、嵇文甫、潘梓年、马哲民等一代学术宗师播撒的学术火种，五十多年来一代代薪火相传。世纪之交，在合并组建新校而揭开学校发展新的历史篇章的时候，学校确立了"学术兴校，科研强校"的发展战略。这不仅是对学校五十多年学术文化与学术传统的历史性传承，而且是谱写21世纪学校发展新篇章的战略性手笔。

　　"学术兴校，科研强校"的"兴"与"强"，是奋斗目标，更是奋斗过程。我们是目的论与过程论的统一论者。我们将对宏伟目标的追求过程寓于脚踏实地的奋斗过程之中。由学校斥资资助出版《中南财经政法大学青年学术文库》，就是学校采取的具体举措之一。

　　本文库的指导思想或学术旨趣，首先在于推出学术精品。通过资助出版学术精品，形成精品学术成果的园地，培育精品意识和精品氛围，以提高学术成果的质量和水平，为繁荣国家财经、政法、管理以及人文科学研究，解决党和国家面临的重大经济、社会问题，作出我校应有的贡献。其次，培养学术队伍，特别是通过对一批处在"成长期"的中青年学术骨干的成果予以资助推出，促进学术梯队的建设，提高学术队伍的实力与水平。再次，培育学术特色。通过资助出版在学术思想、学术方法以及学术见解等方面有独到和创新之处的科研成果，培育科研特色，以形成有我校特色的学术流派与学术思想体系。因此，本文库重点面向中青年，重点面向精品，重点面向原创性学术专著。

　　春华秋实。让我们共同来精心耕种文库这块学术园地，让学术果实挂满枝头，让思想之花满园飘香。

2009 年 10 月

Preface

A university campus, if it holds no intellectual activities or possesses no academic atmosphere, no matter how physically beautiful or modern it is, it would be spiritually desolate and barren. In fact, the earliest historical European universities started from academic learning. The relationship between a university and the academic learning cannot just be interpreted literally, but more importantly, it should be set on the ideas and academic learning which are the so – called sources of the energy and vitality of all universities.

Zhongnan University of Economics and Law is a high education institution which enjoys rich academic atmosphere. Having the academic germs seeded by such great masters as Fanwenlan, Jiwenfu, Panzinian and Mazhemin, generations of scholars and students in this university have been sharing the favorable academic atmosphere and making their own contributions to it, especially during the past fifty years. As a result, at the beginning of the new century when a new historical new page is turned over with the combination of Zhongnan University of Finance and Economics and Zhongnan University of Politics and Law, the newly established university has sets its developing strategy as "Making the University Prosperous with Academic Learning; Strengthening the University with Scientific Research", which is not only a historical inheritance of more than fifty years of academic culture and tradition, but also a strategic decision which is to lift our university onto a higher developing stage in the 21st century.

Our ultimate goal is to make the university prosperous and strong, even through our struggling process, in a greater sense. We tend to unify the destination and the process as to combine the pursuing process of our magnificent goal with the practical struggling process. The youth's Academic Library of Zhongnan University of Economics and Law, funded by the university, is one of our specific measures.

The guideline or academic theme of this library lies first at promoting the publishing of selected academic works. By funding them, an academic garden with high – quality fruits can come into being. We should also make great efforts to form the awareness and atmosphere of selected works and improve the quality and standard of our academic productions, so as to make our own contributions in developing such fields as finance, economics, politics, law and literate humanity, as well as in working out solutions for major economic and social problems facing our country and the Communist Party. Secondly, our aim is to form some academic teams, especially through funding the publishing of works of the middle – aged and young academic cadreman, to boost the construction of academic teams and enhance the strength and standard of our academic groups. Thirdly, we aim at making a specific academic field of our university. By funding those academic fruits which have some original or innovative points in their ideas, methods and views, we expect to engender our own characteristic in scientific research. Our final goal is to form an academic school and establish an academic idea system of our university through our efforts. Thus, this Library makes great emphases particularly on the middle – aged and young people, selected works, and original academic monographs.

Sowing seeds in the spring will lead to a prospective harvest in the autumn. Thus, let us get together to cultivate this academic garden and make it be opulent with academic fruits and intellectual flowers.

Wu Handong

摘　要

　　马克思主义大众化与中国化时代化是马克思主义理论创新和发展的重要内容，是我们学习实践社会主义核心价值体系的内在要求，是建设马克思主义学习型政党的重要任务。研究那些曾对马克思主义中国化、时代化、大众化作出过突出贡献并具有鲜明个性的人物，将有助于我们把马克思主义的研究引向实证化、具体化。我们研究艾思奇这位对马克思主义"三化"尤其是对马克思主义大众化作出过杰出贡献的人物，学习他在探索马克思主义大众化过程中留给我们的宝贵经验与深刻教训，这对于我们反思历史，立足现实，不断创新马克思主义，是十分重要的。同时，它对于我们运用中国特色社会主义理论体系武装教育全党全国各族人民，以及将社会主义建设各项事业推向前进，也具有十分重要的理论价值和现实意义。

　　"艾思奇与马克思主义大众化"，这一课题包含着丰富而深刻的思想内容。艾思奇走上马克思主义道路的过程、艾思奇与他的惊世之作《大众哲学》、艾思奇对马克思主义大众化的贡献、艾思奇对马克思主义大众化的经验教训、新时期马克思主义大众化的创新，等等，都是该课题研究的重要内容。本书旨在对这些内容进行逐一梳理与深入研究，力求对艾思奇与马克思主义大众化留给我们的经验教训及其现实启迪进行深度的总结和反思。

　　本书共分为绪论和五章内容。绪论主要说明了选题缘由、国内外研究现状、研究方法、重难点以及创新之处。

　　第一章"艾思奇走上马克思主义道路的思想历程"，是本书的理论前提。它着重从艾思奇所处的时代背景、生活的家庭环境、所受的教育状况以及个人兴趣爱好、性格特征等因素出发，分析了艾思奇选择马克思主义信仰的必然性，探索了艾思奇的马克思主义观的萌芽、形成、发展、成熟和深化的历史进程。艾思奇从中学时代产生马克思主义观的萌芽（1925

年—1926年），到两次日本求学期间马克思主义观初步形成（1927年—1932年），再到上海期间（1932年初—1937年8月），其马克思主义观得以迅速发展；延安时期（1937年8月—1946年11月），艾思奇的马克思主义观已日趋成熟，以及他最后抵达北京后的时期（1949年初—1966年3月），其马克思主义观的不断深化，可谓清晰地呈现了他对"什么是马克思主义、怎样对待马克思主义"问题的认识。本章的论述将帮助读者正确看待艾思奇与马克思主义大众化的关系，他的一生并不仅仅探索大众化的过程，而是与马克思主义中国化、时代化、现实化齐头并进，共同发展的过程。

第二章"艾思奇探索马克思主义大众化的开端"，主要阐释了20世纪早期艾思奇发起对马克思主义大众化探索的原因（复杂的历史背景、有限的思想传播条件、广泛的群众需求和一定的理论积淀），梳理了20世纪早期及上海时期艾思奇对马克思主义大众化的整个历程，总结了上海时期艾思奇推动马克思主义大众化运动的主要功绩以及这一时期他在探索中所遇到的困难。

第三章"艾思奇探索马克思主义大众化的发展"，主要是沿着艾思奇如何在马克思主义中国化中推进大众化的思路，来厘清其在延安时期对马克思主义大众化的进一步发展。这一章集中强调了艾思奇在延安时期所坚持的"在中国化现实化中推动大众化"的思路与理念，并对这种理念产生的背景、内涵着重进行了分析论证。本章亦从理论教育、思想宣传、文化艺术、党群军群等多个层面对延安时期艾思奇继续进行的马克思主义大众化探索历程、探索所采用的多样化途径逐一展开论述，最后对这一时期艾思奇对马克思主义大众化的历史贡献与困境，进行了较为深入的分析。

第四章"艾思奇探索马克思主义大众化的深入"，集中探讨了艾思奇在新中国成立后去中共中央党校工作、生活的近十八年期间，对马克思主义大众化进行的新探索。结合新中国成立后的时代因素、中央领导的重视程度、百姓呼声、思想潮流等因素，对新的历史条件下艾思奇如何将马克思主义大众化引向深入的条件展开了分析，并围绕艾思奇在北京时期所参加的马克思主义大众化的三大主要内容（分不同对象有针对性地普及马列主义和毛泽东思想，多时段地进行理论教育和思想改造活动，以教学、编写教材、哲学批判和争论等多种形式来开展宣传），阐述了北京时期艾思奇对马克思主义大众化探索的延续。重点论述了艾思奇针对不同群体进行分类指导的思想，具体诠释了他如何结合工农群众、全党干部、高校师生等不同文化层次的对象，采取不同的宣传教育方式；如何在多次马克思主义理论教育时段（第一个时段是从1949年初开始到1952年底大体结束的全国范围内的"历史唯物论—社会发展史"的学习以及思想改造运动；第二个时段是从1952年底至1956年底，全国社会各界掀起的"辩证唯物主义和历史唯物主义"学习热潮以及对胡适实用主义与梁漱溟的哲学思想的批判活动；第三个时段是1959年秋至1965年底的全国秀才班的系统培训活动，艾思奇是如何采取教学、编写教材、哲学批判和论争等多种形式来向广大民众进行马克思主义和毛泽东思想的普及活动的）。在此基础上，本书对艾思奇在北京时期所作出的三大历史贡献及其困境进行了阐述，尤其是其贡献主要表现在：教育了广大民众并培养了大批革命干部；编写了具有中国特色的马克思主义哲学教材；扩大了毛泽东思想在大众中的影响力，在学术界得到普遍认同与赞许。

　　第五章"艾思奇探索马克思主义大众化的特点、经验、反思及启示"，主要从理论界所公认的艾思奇一生所经历的三个主要时期（上海时期、延安时期、北京时期），探讨了艾思奇对马克思主义大众化探索的总体特点、有益经验、历史教训和当代启示。每一部分的内容，始终将马克思主义中国化时代化大众化视作一个整体加以分析和论证。对于艾思奇在马克思主义大众化探索中留给我们的当代启示，笔者结合新时代的新情况和新问题，对其进行了新的思考和阐释。

　　全书包括绪论与五章主体内容，它们之间存在着内在的逻辑关系。绪论是全书的基础，它为后面章节的展开做好了铺垫。第一章梳理了艾思奇走上马克思主义道路的思想历程，为我们从总体上了解艾思奇一生所从事的马克思主义理论教学与研究事业，提供了便利。第二、三、四章则从微观的角度，分别对艾思奇在上海、延安、北京生活的三个不同历史时期的马克思主义大众化探索进行了具体阐述，其中上海时期是开端期，延安时期是成熟期，北京时期是深化期，它们共同构成了探讨艾思奇与马克思主义大众化的重要内容。第五章则将这三个时期的特点、经验进行了总体归纳，并立足于当今实际，展开了时代的探索，凸显了本论文的现实意义，是本书的最终归宿。

　　关键词：艾思奇；马克思主义；大众化

Abstract

The Sinicization, Modernization and Popularization of Marxism is an important part of the construction project of Marxist theory, is the inherent requirement for us to learn to practice the socialist core value system, is also an important task of learning to build a Marxist political party. Studying those figures who have made outstanding contributions to the sinicization, Modernization and Popularization of Marxism and have a distinct personality, will be helpful to deepen our study on Marxism from empirical and specific angles. .

Studing the brand character "Ai Siqi", who have made outstanding contributions to Marxism "three", particularly for the Popularization of Marxism, And exploring the valuable experience and profound lessons learned in his popularization Process of Marxism. This is important for us to rethink history, to base development, to innovate Marxism constantly. At the same time, it has important theoretical and practical significance for us to use theoretical system of socialism with Chinese characteristics to arm education whole party and the country people of all ethnic groups, and to put our various undertakings of socialist construction to a new level.

The proposition "Ai Siqi and popularization of Marxism", contains rich and profound ideological content. The process of Ai Siqi's embarking on Marxism, his amazing works "public philosophy", his contribution to Popularization of Marxism, his experience and the lessons on Popularization of Marxism, innovation of Marxism Popularization in the new era, etc, should be included in the research field. This article aims to sort out the content, and strive to focus on further exploration of Ai Siqi's summary and reflection of experience and lessons about the popularization of Marxism, and on his inspiration for us today to explore the popularization continuously.

The article consists of the introduction and five chapters. Introduction mainly clarifies reasons for the choice of this topic, the review of literature at home and abroad, the research methods, important and difficult points as well as innovation.

Chapter one "Ai Siqi's ideological course of embarking on Marxism", it is the theoretical foundation of this thesis. It analyzes the inevitability of Ai Siqi's selection of Marxist faith, from the following factors: the backgrounds of his times and family, education as well as his personal hobbies, personality traits. and explores the historical process including emergence, formation, development, maturity, and deepening of Ai Siqi's Marxist view. That's to say, Ai Siqi's Marxist view dates from the days when he was in middle school (1925—1926), and came into being during the period when he went to Japan twice for study (1927—1932), then achieved rapid development when he stayed in Shanghai (early 1932— August 1937). During the years (August 1937—November 1946) in Yanan, Marxist outlook matured gradually and finally was deepened when he arrived in Beijing (early 1949 to 1966 March). These processes clearly demonstrated his cognition of the question "What is Marxism, how to treat Marxism", thus helping the reader to understand the relationship between Ai Siqi and popularization of Marxism correctly. His life was not just the process of exploring popularization of Marxism, but went hand in hand with the ideas of sinicization, modernization and popularization of Marxism.

The second chapter, "Ai Siqi's exploration beginning about the popularization of Marxism", explained the early 20th century, It mainly illustrates Ai Siqi initiated to explore the reasons for the Popularization of Marxism in the 20th century early, such as complex historical background, limited ideological propagation conditions, a wide range of needs of the masses and some of the theoretical accumulation, Combs Ai Siqi's the entire history of exploring the popularization of Marxism during the early 20th century and Shanghai period, summarize up Ai Siqi's main achievement to promote the popularization of Marxism movement, and the short comings or limitations in the exploration during this period.

The third chapter, "Ai Siqi's exploration development about the popularization of Marxism", mainly along the angle how to promote the popular point of view in the reality of Marxism in China about Ai Siqi, to clarify Ai Siqi's further development on Popularization of Marxism in the Yanan period. This chapter focuses emphasizing on the ideas and concepts of 'Promoting the popularity in China of reality', analyze and demonstrate the background and Connotation of this concept. This chapter also explores the history of Ai Siqi's proceeding popularity Marxism and Varied ways one by one, from theoretical education, ideological propaganda, culture and the arts, the Party and the military group level in Yan an period. Finally, this paper analyzes Ai Siqi's contribution and limitations of history of Marxism Popularization in this period, advancing with the times.

The fourth chapter, "Ai Siqi's deep exploration about the popularization of Marxism". This article focuses on the new exploration about Ai Siqi's popularity of Marxism, during his work and life of the last ten years in the Party School of the CPC Central Committee after 1949. Combination the era of factors after 1949, the attention of the central leadership, the voice of the people, the ideological trend and other factors, Ai Siqi analyzes the conditions of how to deepen the popularization of Marxism under the new historical conditions. And around the three main contents include Ai Siqi participation in Beijing during the Popularization of Marxism: the different objects targeted the popularity of Marxism – Leninism and Mao Zedong Thought; participate in multiple time periods theoretical education and thought reform activities; various forms of teaching, writing textbooks, philosophical criticism and controversy to advocacy on the continuation of exploring Ai Siqi's Popularization of Marxism in the Beijing period. This article elaborates the continuation of Ai Siqi's exploring popularity of Marxism in the Beijing period, focuses on the idea of Ai Siqi guidance for different groups, explains specifically how to combine different objects of the cultural level of the masses of workers and peasants, the whole party cadres, college teachers and students, to take a different depth education? How to popularize Marxism and Mao Zedong Thought to the general public in many Marxist theoretical education hours? How to start from the ways and means to take the teaching, compiling textbook, and other forms of philosophical critique and controversy to promote the popularization of Marxism? On this basis, this paper concludes Ai Siqi's three historical contribution limitations made in Beijing, the especially its contribution in the academic community has been widespread recognition and praise.

The fifth chapter, "Ai Siqi's characteristics, experience and revelation in exploring popularization of Marxism", This chapter discusses Ai Siqi's general characteristics, useful experience of each part and contemporary inspiration mainly from Ai Siqi's life experience of three major periods theorists recognized (Shanghai period, Yanan period, Beijing period) on Popularization of Marxism. The contents of each part, is always treating the Sinicization, Modernization and Popularization of Marxism as a whole. Ai Siqi's exploration on Marxism popularization left our contemporary revelation, it needs to put forward a new inspiration, new thinking, new strategy with a combination of a new era of new situations and problems.

There is an inherent logical relationship between the six chapters including introduction. Introduction is the basis of the content, and it has prepared the way for the later chapters of the stretch. The second, the third and the fourth chapters respectively and specifically addressed the exploration about the popularization of Marxism of three different historical periods of life by Ai Siqi in Shanghai, Yan an, Beijing from the microscopic point of view. Shanghai during the beginning of the period, the Yanan period is mature, Beijing during the enhancement phase, which together constitute the important content to explore Ai Siqi's popularization of Marxism. Chapter V generally summarizes characteristics and experiences of these three periods, based on actual launched a reality exploration at present, highlighting the practical significance of the paper, is the ultimate destination of this writing.

Key word: Ai Siqi; Marxism; popularization

目　录

绪　　论

一　问题的缘起及研究意义

（一）问题的缘起

党的十七大报告提出，要"开展中国特色社会主义理论体系宣传普及活动，推动当代中国马克思主义大众化"①。十七届四中全会重申"要不断推进马克思主义中国化、时代化、大众化"②，并把马克思主义大众化同中国化、时代化作为有机统一的整体进行了科学阐述，赋予大众化以更加重要的意义、更加深刻的内涵。在十八大报告中，胡锦涛再次强调了"推进马克思主义中国化、时代化、大众化，坚持不懈用中国特色社会主义理论体系武装全党、教育人民"③的思想。虽然自马克思主义诞生以来，始终存在着马克思主义大众化的问题，但在党代会和党的全会上明确提出"推进当代中国马克思主义大众化"，还是第一次。为此，马克思主义中国化、时代化、大众化迅速成为思想理论界探讨的热点，掀起了一股研究"三化"的热潮，与此同时，一大批优秀通俗理论读物面世，特别是近年来推出的《六个"为什么"》、《七个"怎么看"》、《从怎么看到怎么办——理论热点面对面·2011》等，受到群众的广泛好评，"马克思主义大众化"日益深入到了百姓的视野。

① 《高举中国特色社会主义伟大旗帜 为夺取全面建设小康社会新胜利而奋斗——胡锦涛在中国共产党第十七次全国代表大会上的报告》，2007 年 10 月 15 日。

② 新华网：《不断推进马克思主义中国化、时代化、大众化》，2009 年 12 月。

③ 十八大报告：《坚定不移沿着中国特色社会主义道路前进 为全面建成小康社会而奋斗——胡锦涛在中国共产党第十八次全国代表大会上的报告》，2012 年 11 月 8 日。

　　而探讨马克思主义大众化问题，自然就会谈到"人民的哲学家"——艾思奇。艾思奇同志是著名的马克思主义哲学家，他毕生致力于马克思主义哲学研究、宣传和教育工作，第一次把哲学从哲学家的课堂里解放出来，其著作以"本质内容的大众化、读者的大众化、写法的通俗化、语言的形象化"为鲜明特点，是马克思主义大众化的先行者，被誉为"人民的哲学家"、"马克思主义大众化中国第一人"。

　　目前关于大众化的文章有上千篇，专门研究艾思奇的哲学道路、哲学思想的文章也有数十篇，可将二者结合起来作专题探讨的还少之甚少，因而本人选择了以"艾思奇与马克思主义大众化"为主题作深入探讨。如何把"艾思奇与马克思主义大众化"的研究引向深入？我认为从具体化、微观化的角度进行研究不失为一条重要的路径，特别是具体地研究历史上一些对马克思主义大众化作出过特殊贡献的政治家、思想家的思想，分析其经验教训，尤为具有重要的意义。本篇论文着重打好艾思奇这个品牌，以艾思奇为榜样，努力探索如下几个方面的问题：一是这位对马克思主义大众化作出突出贡献的人物思想发展历程；二是研究其主要著作以及他所经历的人生各个时期的贡献；三是总结经验教训，结合新时期的新情况开展马克思主义大众化的研究。

（二）研究意义

　　艾思奇与马克思主义大众化研究，既是一个蕴涵着巨大学术空间和思想张力的领域，也是一个具有重大理论价值和现实意义的学术课题，开展艾思奇与马克思主义大众化的专题研究，必将在推进马克思主义大众化的进程中发挥举足轻重的作用。在中国特色社会主义事业蓬勃发展、党的理论创新步伐不断加快的今天，应以更加宽广的学术视野和紧扣时代特点的理论思维，把握新情况，研究新问题，开阔新思路，概括新观点，不断把马克思主义大众化这项宏伟的理论事业推向新的高度。

1. 理论意义

　　推进马克思主义大众化的研究是深化和拓展马克思主义理论研究的前提条件和必经路径，是马克思主义的本质属性和内在要求。现今，马克思主义面临许多新形势、新课题，如何迎接和应对发展中出现的新挑战、新任务，我们要与时俱进、在实现理论创新中推进大众化，以改革发展稳定中的实际问题、以我们正在做的事情为中心，认真总结实践的新鲜经验，不断作出新的理论概括，不断为马克思主义大众化增添新的内涵，用党的创新理论武装全党、教育人民。

艾思奇为我们提供了许多研究与宣传马克思主义的有效方式，值得我们予以继承和借鉴。今天我们缅怀与总结艾思奇对马克思主义大众化的历史功绩，研究其主要著作，如在上海时期编写的《大众哲学》，在延安时期为干部学习编写的《哲学"研究提纲"》，在北京时期编写的《辩证唯物主义历史唯物主义》，等等，都为我们结合时代、结合实践、结合群众来丰富马克思主义理论内涵提供了参考蓝本。

此外，马克思主义大众化还涉及思想政治教育学、传播学、宣传学、心理学、社会学等多门学科和理论，研究本课题对于这些学科和理论研究也可以起到深化作用。

2. 现实意义

（1）研究艾思奇与马克思主义大众化，有助于科研工作者走出书斋、走向社会、走近群众。

马克思主义要实现大众化，必须让马克思主义从书斋中解放出来，活用到大众的生活中去，必须贴近社会实际、必须走进人民群众，与人民群众同呼吸、共命运。而艾思奇的大众化思想和实践能对我们运用马克思主义阐释现实问题，推动马克思主义走出书斋、走向社会、走近群众发挥重要的指导意义。作为科研工作者，我们一定要借鉴艾思奇的经验，学习他对待马克思主义的科学态度和治学精神：

其一，我们不仅要追思和学习他在哲学通俗化和中国化、普及化方面所呈现出的锲而不舍的精神，更要学习他"解放思想、实事求是、不做书斋式的空头理论家"的治学灵魂。

其二，艾思奇坚持立足实践，回应社会关切，解答群众困惑，用马克思主义来指导生活、阐释现实问题。我们应将自己的科研课题与现实问题紧密契合，用马克思主义指引生活实际。

其三，艾思奇主张把深邃的理论用平实质朴的语言讲清楚，把深刻的道理用人民群众乐于接受的方式（通俗的文字、形象的事例、巧妙的比喻、明快的文笔表达）说明白，搭建科学理论与人民群众之间便捷式沟通的桥梁。我们应学习他的理论钻研精神，将马克思主义读懂、读透，做一名精通理论并能轻松阐释理论的马克思主义宣传者。

（2）研究艾思奇与马克思主义大众化，有助于推动新闻出版事业的发展。

艾思奇在推进马克思主义大众化过程中，积累了丰富的有关新闻出版的经验。他曾先后担任《读书生活》、《读书半月刊》、《认识月刊》、《中国文化》等杂志的主编、《解放日报》副刊部主任。并曾力办读书生活出版社，为编辑出版《文化战线》旬刊、《战线》五日刊、《抗敌周刊》等多种刊物而四处奔波。他长期从事于繁忙的编务工作，从审稿、编辑、发稿、看拼版，到校对、算稿费、组稿等，他始终亲力亲为，为办好这些刊物与报纸倾注了很大的心血。在从事新闻出版工作中，他十分注重党报、期刊、媒体等载体，在宣传上讲究时效力、吸引力，这些都对新闻出版界、各级宣传部门，有重要的参考与启示作用。

在现今建设学习型社会背景下，人民群众的学习热情和需求不断提高。同时，新兴媒体不断发展，传播手段与宣传方式越来越多样化，为新时期进一步推进理论大众化，提供了便利条件。这有利于我们在报道机制、节目形式、宣传手段、新兴媒体等方面实现创新：①报道机制：在网上唱响马克思主义主旋律，加强马克思主义大众化的网上内容建设，掌握网上思想理论的话语权、主导权；发挥道德模范、先进人物、时代先锋人物、社会知名人士的感召力，请典型人物讲述亲身经历和切身感受；抓好党和国家重要活动的宣传报道；加强通俗理论读物编写出版；造就一批人民群众喜爱的网络名记者、名编辑、名评论员、名主持人。②节目形式：拍摄电视专题片、纪录片、网络访谈、直播和视频等。③宣传手段：报网互动、报刊互动、发动名人撰写微博、网上论坛与互动社区等。④新兴媒体：运用手机上课、手机竞答、手机征文等新载体，运用博客、微博等新技术，开展拍客、播客等新业务。

（3）研究艾思奇与马克思主义大众化，有助于扎实推进高校思政教育工作。

高校是马克思主义理论研究与教育、推进马克思主义大众化的重要阵地。紧密联系当前大学生关心的热点和现实问题，引导大学生系统地学习马克思主义基本原理、观点和方法，将有助于提升他们运用马克思主义解决现实问题的能力，这是马克思主义赢取未来的重要途径。

当前，高校思政教育中主要存在以下两个困境：一是在大学校园里，学生面临着大量西方文化思潮和价值观念的冲击。因而，引导学生准确理解马克思主义，帮助他们明辨是非，坚定不移地走中国特色社会主义道路，是一项刻不容缓的历史任务。二是思政理论教学过程中存在的普遍问题是教学内容枯燥，缺乏理论和实际的结合，语言晦涩难懂，很难引起学生的学习兴趣。这两个困境告诫我们：如果马克思主义理论要赢得青年人，使他们真学、真懂、真信、真用，必须像艾思奇一样，积极推进思想政治理论课教学方法的改革创新、抓好教材修订与编写工作、丰富教学手段与方法、推进理论与实践结合的教学模式等。因而，研究艾思奇与马克思主义大众化，对于提升高校思政教育水平，将具有重要的现实意义。

二　国内外研究现状

（一）国内研究现状

国内关于这一课题的研究成果较多，论文集、传记和学术专著等研究资料十分丰富。现综述如下：

1. 出版了一系列研究艾思奇及其代表作的书籍

研究艾思奇的原始资料集中体现于对艾思奇一生著述的集体收录，譬如 1983 年出版的《艾思奇文集》（第 1—2 卷）、1999 年出版的《艾思奇讲稿选》（上下卷）、2006 年出版的《艾思奇全书》（共八卷）。这些原著的整理与出版，为我们研究艾思奇提供了第一手资料。

同时，研究艾思奇传奇人生的历史传记、研究其哲学思想的学术专著、纪念艾思奇的论文集等，也为我们深化对艾思奇的研究，提供了便利的资源。譬如曾任艾思奇秘书的卢国英同志于 2006 年编著出版的《智慧之路：一代哲人艾思奇》，中国社科院研究所研究员李今山同志于 2010 年主编出版的《缅怀与探索：纪念艾思奇文选（1981—2008）》、2011 年主编的《大众哲学家：纪念艾思奇诞辰百年论集》、曾任云南腾冲县县委副书记的杨苏同志于 2002 年出版的《艾思奇传》、曾任云南省洱源县县委书记处书记兼县长的马汉儒同志于 2008 年出版的《哲学大众化第一人——艾思奇哲学思想研究》，等等。他们均以大量的史实材料对艾思奇一生所从事的马克思主义事业进行了不同程度的梳理、对其哲学思想进行了系统的论述，并对其在哲学大众化方面的突出贡献进行了翔实的探究。

尤其值得一提的是，艾思奇的夫人王丹一同志对于推动学界开展艾思奇的研究做了大量工作。她不仅于 1987 年主编出版了《马克思主义哲学家艾思奇》，于 2010 年主编了《艾思奇图册》，而且是艾思奇文稿整理小组成员之一，艾思奇纪念活动文稿编辑组的成员之一，还把艾思奇生前藏书及手稿捐献给了家乡的云南省图书馆，这无疑为研究者提供了极大的便利。

2. 召开了一系列的学术会议

学术会议综述为我们推进艾思奇与马克思主义大众化研究提供了新鲜素材。

当前，具有学术影响力的"全国马克思主义论坛"（2004 年创办）至今共举办了九届。尤其是在武汉华中科技大学举行的第七届全国马克思主义论坛——"全球金融危机背景下的马克思主义和社会主义"上，中共中央编译局副局长俞可平以及与会专家们都对马克思主义大众化发表了各自的观点。第九届马克思主义论坛，又结合党的十八大，集中探讨了当代中国的马克思主义"三化"问题。近年来，在各地高校举办的有关马克思主义"三化"的论坛、纪念恩格斯诞辰 190 周年学术研讨会以及各省市举办的马克思主义研讨会，又对马克思主义大众化的内涵、历程、经验以及路径选择等作了详细的探讨。

但将艾思奇与马克思主义大众化结合起来探讨的学术会议主要有四次：2007 年中国社会科学院哲学研究所在北京召开了艾思奇与马克思主义哲学中国化研讨会；2010 年 3 月 25 日中央宣传部、中央党校、中共云南省委在京召开纪念艾思奇诞辰 100 周年暨推进当代中国马克思主义大众化座谈会。2011 年 3 月 22 日上午在云南大学呈贡校区举行的艾思奇铜像落成典礼暨推进艾思奇与马克思主义大众化工作座谈会，其宗旨就是要传承艾思奇的精神，落脚到推动马克思主义大众化的实践中，从而使云南大学成为研究艾思奇、宣传艾思奇的学术重镇。2012 年 5 月 12 日成立了云南省马克思主义大众化研究会，并在云南大学召开了首届"艾思奇与马克思主义大众化"学术研讨会。

3. 发表了一系列学术论文

第一，硕博论文主要有 7 篇，其中硕士论文 6 篇，博士论文 1 篇，主要梳理了马克思主义哲学大众化的科学内涵、艾思奇探索马克思主义大众化的历史背景、历程、主要方式、贡献等五个内容。

譬如，中央民族大学硕士生于洁丽 2009 年提交的硕士论文《艾思奇与马克思主义哲学中国化、民族化、大众化》，主要探讨了马克思主义哲学大众化的科学内涵以及艾思奇对马克思主义哲学大众化的贡献；哈尔滨工业大学硕士生王康康 2009 年提交的硕士论文《艾思奇在中国马克思主义哲学大众化进程中的探索与实践》，从中国社会对马克思主义的选择和时代对大众化的呼唤两方面分析了艾思奇对中国马克思主义哲学大众化探索和实践的原因；中共中央党校刘佳 2009 年提交的硕士论文《延安新哲学会研究》，主要介绍了新哲学会的重要人物毛泽东、艾思奇、和培元、陈伯达的哲学活动情况。内蒙古大学哲学学院硕士刘艳 2010 年提交的硕士论文《20 世纪早期中国马克思主义哲学大众化研究》则以艾思奇为例，论述了 20 世纪早期马克思主义哲学大众化运动提出的原因、马克思主义哲学大众化运动的主要方式；河北师范大学硕士生周京晶 2011 年提交的硕士论文《艾思奇的哲学大众化及其对当代中国的启示》，分析了艾思奇哲学大众化思想的提出背景、发展历程、主要思想及其当今启示；西南财经政法大学硕士生郑二菠 2012 年提交了硕士论文《艾思奇与马克思主义哲学大众化研究》，集中探讨了艾思奇的《大众哲学》以及艾思奇推进马克思主义哲学大众化的主要途径与现实启示；中共中央党校缪柏平 2004 年提交的博士论文《艾思奇哲学道路研究》，对艾思奇、李达、毛泽东的哲学道路进行了对比研究。

第二，大量的期刊文章陆续发表，从各个角度提供了详尽的素材。

谢俊、陆浴晓于 2007 年发表的《艾思奇〈大众哲学〉历史意义及学术价值》、云南大学硕士研究生胡玉荣在 2008 年发表的《让哲学亲近现实——艾思奇〈大众哲学〉及其现实意义》、谢本书的《〈大众哲学〉奠定了艾思奇的历史地位——纪念艾思奇诞辰 90 周年》这三篇文章分别从学术价值、社会主义现代化建设尤其是科学发展观的宣传普及落实、毛泽东与蒋介石对艾思奇一生的评价等角度阐述了《大众哲学》的价值。

国防大学马克思主义教研部哲学教研室教授李青写的《艾思奇与马克思主义哲学的中国化、时代化、大众化》、陕西社科院研究员薛金慧的《从〈大众哲学〉看马克思主义大众化的历史经验》、成都体育学院外语系何雅芳写的《马克思主义大众化的历史经验探析》、中央党史研究室原副主任石仲泉 2008 年发表的《延安时期的艾思奇哲学与毛泽东哲学》、之后湘潭大学毛泽东思想研究中心学术委员会许全兴发文与《延安时期的艾思奇哲学与毛泽东哲学》的商榷、2010 年福建师范大学公共管理学院董海鹏的《改革开放以来马克思主义大众化的历程及经验》，这六篇文章对我们了解艾思奇在马克思主义大众化过程中的历程与特殊贡献大有裨益。

（二）国外研究现状

国外关于这一课题的研究，主要集中于追溯哲学大众化的起源和发展、分析《大众哲学》这本艾思奇的经典著作受到广泛喜爱的原因、探讨艾思奇的马克思主义哲学观与苏联哲学之间的关系，这三个方面的专题研究已经取得了丰硕的成果。

美国人乔舒亚·弗格尔在哲学大众化起源与发展问题上的研究，较其他国外学者而言，是最为深入的。他将哲学在中国的传播起源追溯到了南宋时期，探讨了南宋以来儒家学说大众化的问题，谈到了朱熹将儒家经典简化为四本必读书目即《四书》并进行重新解读，促使了儒家学说为更多的人所熟悉。进而着重分析了清末民初以及 20 世纪 30 年代的哲学大众化的发展情况，尤其是横向比较了艾思奇与其他许多先进知识分子在哲学大众化上所作出的努力，总结了艾思奇能超出同时代人甚至前人探索的关键在于不怕幼稚，只求明白具体。

美国人泰瑞·博登霍恩、美国学者田辰山在分析艾思奇的《大众哲学》为何广受欢迎的原因上，研究得较为全面。泰瑞·博登霍恩从《大众哲学》一书的本身优势（譬如独特的结构、巧妙的设计、恰当有趣的事例、简单易懂的语言）和艾思奇写作时的社会历史环境入手，分别从内部和外部条件剖析了原因。仅书的结构就分析了 10 个方面的技术性原因。田辰山则从艾思奇创作《大众哲学》的背景和书本的语言风格两个方面探析了该书深受民众喜爱的不同视角。

法国学者彼埃尔、依格纳修斯·曹和美国学者乔舒亚·弗格尔在艾思奇的哲学思想与苏联哲学的关系问题上，颇有研究，他们的主要观点是艾思奇的哲学思想很大程度上受益于 20 世纪 30 年代的苏联哲学，尤其是受米丁的影响较大，甚至有人断言艾思奇一生也未摆脱苏联哲学的影响。

总体而言，国内外对艾思奇的研究并不平衡，而且从艾思奇一生的角度来研究他对马克思主义大众化的探索与贡献的成果也并不多见。大多数学者从事的是个案研究，综合性论著目前还相对缺乏，因此，"艾思奇与马克思主义大众化"这个课题的研究还有一定的学术空间。

三　研究思路与研究方法

（一）研究思路

本书主要围绕"艾思奇走上马克思主义道路的思想历程"、"艾思奇探索马克思主义大众化的开端"、"艾思奇探索马克思主义大众化的发展"、"艾思奇探索马克思主义大众化的深入"、"艾思奇探索马克思主义大众化的特点、经验及启示"五个方面进行研究。具体思路如下：

绪论是对选题的原因、意义、目前研究现状等进行基本阐述，它使读者了解选题的基础内容，为后面章节的伸展做好了铺垫。正文第一章是从艾思奇的一生来总体梳理他作为马克思主义理论工作者，是如何选择了对马克思主义的信仰。这种信仰的坚定无疑不是一蹴而就的，势必要经历一个过程，一个从产生到发展再到成熟以至不断深化的过程，只有这样，我们才能科学地阐明艾思奇本人看待、研究、发展马克思主义的认识规律和思想转变，才能不忽略他除了研究马克思主义大众化以外，还在马克思主义中国化、时代化、现实化等领域，都有着艰辛的探索和突出的贡献。因而，第一章帮助我们从宏观的角度对艾思奇的马克思主义观有了全面的认识。而第二、三、四章则从微观的角度，分别对艾思奇在上海、延安、北京所生活的三个不同历史时期的马克思主义大众化探索进行了具体阐述，其中上海时期是开端期、延安时期是成熟期、北京时期是深化期，它们共同构成了重点探讨艾思奇与马克思主义大众化的重要内容。第五章即最后一章则在前面章节所形成的理论积淀上，将三个时期的特点、经验进行了总体归纳，并立足于当今实际，展开了现实探索，凸显了本论文的现实意义，是撰写本文的最终归宿。

（二）研究方法

本研究主要采用的方法有：

一是文献研究法。包括艾思奇马克思主义大众化的作品。后人对艾思奇马克思主义大众化贡献的论著，以及艾思奇所撰写的其他马克思主义的论著，都要进行较为全面的研究和梳理。

二是实证研究法。包括调查研究、个别访谈、问卷调查等，目的是通过这些研究了解现阶段马克思主义大众化的状况与存在的问题及应对之策。

三是历史分析法。虽然艾思奇的一生只有短短的 56 年，但他的经历却是十分丰富的，遗留下的著述资源也是十分宝贵的。只有对艾思奇不同时期的哲学思想进行研究，我们才有可能对艾思奇所走过的哲学道路有一个清晰的了解和把握。

四 重难点及创新

（一）重难点分析

重点：一是真实清晰地还原艾思奇对马克思主义大众化探索与实践的历史，总结其有益经验。二是立足现实视角，侧重于艾思奇经验的实际运用与马克思主义大众化的广泛宣传。

难点：在写作艾思奇的马克思主义观时，要特别注意将"以史带论"与"以史代论"区分开，稍不注意，就很容易写成传记体，忽略了对思想观念发展、转变的总结与论证。同时也要特别善于从理论中寻找艾思奇的观念变化，其著作只是论证的根据，切不可走入仅仅诠释理论中如何论证的泥沼。这是写作第一章中的难点之一。当代中国马克思主义大众化的过程是很多杰出思想家共同推动的结果，如何在厘清历史事实的同时又能突出艾思奇独有的经历与贡献，做到逻辑清晰、层次分明，这是难点之二。

（二）创新之处

清晰地勾画了艾思奇如何看待、理解、对待马克思主义的思维逻辑线条；全面梳理、透析了艾思奇在不同时期不同阶段对马克思主义大众化所做的工作与贡献；系统阐述了艾思奇推进马克思主义大众化的主要经验及启示；详细总结了艾思奇探索马克思主义大众化的历史局限性及其教训。

第一章　艾思奇走上马克思主义道路的思想历程

艾思奇是一位杰出的马克思主义理论家，他对马克思主义在中国的传播起到了极其重要的作用。我们研究这样一位在马克思主义传播与发展史上占有重要地位的历史人物，尤其是他怎样走上马克思主义的思想历程，对于我们理解他一生从事的马克思主义事业是非常有意义的。

一　艾思奇对马克思主义世界观的选择

艾思奇的马克思主义观的产生不是偶然的，他受所处的中国近代社会的历史背景、家庭环境的影响、教育环境的熏陶以及个人的兴趣、锲而不舍的努力等因素，都构成了艾思奇自觉选择马克思主义的诸多因素，这些主客观因素综合作用，便造就了艾思奇选择马克思主义世界观的必然性。

（一）时代背景的呼唤

19世纪末20世纪初，帝国主义列强的侵略自两次鸦片战争和《南京条约》、《北京条约》签订以来，呈现出更加猖狂的局面。特别是1895年中日甲午战争、1900—1901年八国联军侵华战争的相继爆发，《马关条约》、《辛丑条约》等一系列丧权辱国的条约签订，使得我国的民族危机不断加剧，此时，已完全沦为半殖民地半封建社会。面对救亡图存的困境，中国的先进分子为了寻找救国救民的出路，历尽千辛万苦，首先他们想到的是向西方国家寻求真理。他们真诚地希望效法西方，建立资产阶级现代国家，使中国走向独立和富强。艾思奇正是出生在这样的时代环境之下，他出生的第二年，就爆发了孙中山领导的辛亥革命。辛亥革命的胜利结束了中国长达两千多年的封建君主专制制度，建立了资产阶级共和国性质的南京临时政府，这是一次比较完全意义上的资产阶级民主革命，实现了20世纪中国的第一次历史性巨变。可资产阶级革命派最终没能巩固和发展辛亥革命的胜利果实，很快被北洋军阀首领袁世凯窃取，资产阶级共和国蜕变为封建军阀的专制统治，中国不仅没有走上自由发展资本主义的道路，而且在半殖民地半封建社会的深渊越陷越深。中国外部面临帝国主义侵略，内有常年军阀混战，社会动荡，民不聊生。辛亥革命虽然失败，但这次革命及之后资产阶级革命派发起的护国战争、护法运动等历史反复证明了一条：资产阶级共和国的方案在中国行不通，软弱的中国资产阶级不可能挽救中国人民于水火之中。

中国期待新的社会力量和新的理论，来开创救国救民的新道路。在中国人民普遍感到迷茫之际，爆发了第一次世界大战和俄国十月革命。它们的相继发生，为中国革命提供了新的时代条件。一战进一步暴露了早在帝国主义时代就显现的资本主义制度本身固有的不可克服的矛盾，加上帝国主义带给世界人民深重的灾难，彻底动摇了中国先进的知识分子向西方寻求救国救民真理的信心，转而对西方资本主义采取怀疑和批判态度。而俄国十月革命的胜利，则使他们看到了新的希望。十月革命一声炮响给中国送来了马克思主义。从此，中国人尝试走俄国人的道路，这才有了马克思主义在中国的传播。当然，辛亥革命后掀起的新文化运动，崇尚科学、反对封建迷信，崇尚男女平等、个性解放，反对以三纲五常为中心的孔孟儒家伦理学说和封建专制统治等，对人们起到了思想解放的作用，特别是运动后期传播的社会主义思想，启迪着中国先进的知识分子自觉地选择和接受马克思主义，并将它作为拯救国家、改造社会和推进革命的思想武器，这为马克思主义在中国的传播起到了思想启蒙、开辟道路的作用。随后，五四运动的爆发成为中国革命由资产阶级领导的旧民主主义革命向无产阶级领导的新民主主义革命转变的重要起点。五四运动以后，工人阶级开始作为独立的政治力量登上历史舞台，为革命转变提供了阶级基础。中国共产党的成立，又为革命转变提供了组织保证和领导核心。随着五四新文化运动的深入，李大钊、陈独秀、毛泽东等中国的先进知识分子不仅自身实现了由激进的民主主义者向马克思主义者的转变，而且通过各种途径来宣传马克思主义，这使马克思主义传播的范围迅速扩大，为革命转变奠定了思想基础。艾思奇正是在这样的历史背景和早期马克思主义者的影响之下，适应中国革命斗争和群众所需，投身于积极宣传马克思主义的洪流当中，唤醒广大民众的觉悟。

（二）家学渊源的助推

艾思奇受家庭影响较大，尤其是父亲李曰垓的言传身教，对艾思奇的影响最为深刻。主要表现在革命思想、哲学兴趣、学习内容和方法、个性与人生态度这四个方面：（1）在革命思想上的影响。李曰垓是孙中山的中国同盟会会员，参加过辛亥革命后滇南的起义，曾担任蔡锷的护国军秘书长，参加过反袁护国战争等。哥哥李生庄则是一位出色的共产党员，常和艾思奇一起交流革命思想，参加爱国革命运动，督使艾思奇参加革命组织（"新滇社"）。这些民主革命活动与家庭中浓厚的反对封建、反对军阀的民主革命思想氛围，对青少年时代的艾思奇，起到了耳濡目染、潜移默化的作用，使艾思奇很早就有了革命的思想，有了"天下兴亡、匹夫有责"的爱国意识。再加上艾思奇年少时和家人在香港生活过一年多的时间，在这期间的所见所闻，让他深感主权丧失的悲哀，为香港这块金融、贸易、航运、旅游比较繁华、信息比较灵通的宝地却要被英帝国主义占领而愤愤不平，进一步增强了革命意识，有着强烈的反抗帝国主义侵略的民族情感。（2）在哲学兴趣上的影响。李曰垓在京师大学堂研修过中国古代哲学，对哲学的意义和作用有较深的认识，经常向艾思奇和他哥哥李生庄讲解哲学基础知识。艾思奇7岁时，父亲就请私塾老师教子女们《三字经》、《百家姓》、《千字文》这三大国学启蒙读物以及《论语》、《孟子》、《诗经》等"四书五经"，待有一定基础后，父亲又教他读先秦诸子百家，讲解各家流派的思想。16岁时，父亲辅导艾思奇逐句学习《老子》、《庄子》、《墨子》等中国哲学经典读物，这无疑引起了艾思奇研究哲学的兴趣。再加上艾思奇的哥哥李生庄本身也是学习哲学出身，研究方向为西方哲学。他经常和艾思奇交流中外哲学，从古希腊罗马奴隶社会的哲学、到西欧封建制形成和发展时期的经院哲学，再到16世纪末至18世纪中叶的英法等西欧各国的哲学流派，进而谈到18世纪下半叶到19世纪上半叶的德国哲学，从康德到黑格尔、费尔巴哈到马克思、恩格斯的哲学，这也对艾思奇的人生志向与思想观念产生了影响。（3）在学习内容和方法上的影响。父亲十分强调孩子们要加强对外语的学习，他曾对艾思奇和李生庄说："我在大学时，力攻英文，年岁已长，发愤嫌迟，用力至苦，未能深造。你弟兄们应趁年轻脑足之时，致力于此。处今之世，非至少通外语一种，不足以言致学问。"① 受父亲的影响，艾思奇 11 岁时就在家庭教师的指导下勤于钻研英语语法与熟记单词、自觉地与外国人对话来练习口语并自修相关英语书籍，在留日时就掌握了英、日、德三国文字，还学习俄语，这为艾思奇翻译与读懂马克思主义原著奠定了基础。父亲还强调要以史为鉴，这促使艾思奇反复通读了《资治通鉴》、《三国演义》等经典著作，并在日后的研究中十分注重从史学的角度来钻研马克思主义。在学习方法上，父亲要求子女们"读书应力求弄懂，反对囫囵吞枣，反对中途而废。无论写诗做文章，主张应像白居易那样，务使人人能读，妇孺皆懂"。② 这为艾思奇写出《大众哲学》这样的通俗读物、开拓马克思主义通俗化道路做好了铺垫。(4) 在性格与人生态度上的影响。李曰垓沉静、寡言、深思的性格影响着艾思奇，使艾思奇少年时就素喜深思，沉默寡言，然而在是非问题上，他却能滔滔不绝，据理论争。同时，艾思奇一生为马克思主义事业奋斗终生、勤奋钻研、鞠躬尽瘁的精神，和他不计个人得失、心系国家前途命运的情怀，治学严谨、甘愿清苦的学术态度以及待人真诚、平易近人的为人风格，都与父亲对子女们进行"从政宜勤、理财以清、对己宜苦、待人以诚"③ 的教诲，是密不可分的。李曰垓爱国爱民、为官清廉、为人刚直、独立自强的人生态度，也对艾思奇的成长影响深远。

(三) 教育环境的熏陶

艾思奇从小就接触了很多领域的知识，既有《老子》、《庄子》等古典哲学著作，也有《水浒传》、《红楼梦》、《西厢记》等古典文学名著，还有西洋哲学、现代自然科学知识，可谓受到了很好的启蒙教育。在云南省立一中就读的中学时代，他受进步教员楚图南和共产党员李国柱等人的影响，积极参加进步学生运动，也常向李国柱借一些马克思主义著作，譬如《共产党宣言》、《共产党 ABC》等，被为数不多的马列著作所吸引。他还积极参加共产党的外围组织"青年读书会"，研讨革命基本思想，为《滇潮》写稿，在《民众日报》、《市政日报》等进步报刊上发表文章，参加游行示威以讨伐唐继尧、打倒土豪劣绅与贪官污吏，和同学一起创办过

① 卢国英：《智慧之路：一代哲人艾思奇》，人民出版社 2006 年版，第 18 页。
② 同上。
③ 同上书，第 18—19 页。

工人夜校，为工人及其子弟补习文化。在这些活动中，艾思奇受到了很好的革命教育。

1927—1930 年，也即艾思奇 17—20 岁期间，他两次到日本留学，研读了许多马克思主义经典著作，逐步掌握了马克思主义真理。1927 年首次东渡日本求学时，在日本接触了大量西方哲学著作。为了直接阅读马恩原著，他开始自学德语，对照攻读原著。参加了中国留日学生社会主义学习小组，刻苦学习马克思主义。即使后来在昆明养病的两年期间，他仍不忘刻苦钻研从日本带回的许多马列著作，积极参加马列主义研究团体。1930 年初，艾思奇病愈后再赴日本福冈高等工业学校采矿系学习，除了汲取自然科学、社会科学方面的知识以外，他更加潜心投入到对马克思主义经典著作的攻读当中。经过几年的学习，他在世界观上发生了重要变化，已经有了马克思主义信仰。

纵观艾思奇所走的教育之路，即从儿时综合性地学习理论知识，尤其是经典的中国传统文化，到中学时代开始接触马克思主义著作、再到留日期间的主动研读。我们可以发现，艾思奇是在长期的教育熏陶中，自觉地选择了马克思主义。其教育背景不仅使他具有精湛的中国传统文化修养和底蕴，也在求学中逐渐具备了深厚的马克思主义理论功底，由此使得艾思奇作为中国马克思主义者，能够慧眼独具地找到马克思主义与中国传统文化的有力结合点，实现两者在形式与内容上的接轨，对其服务于马克思主义中国化事业大有裨益。

（四）个人因素的促动

艾思奇对马克思主义的选择，不仅源于时代、家庭、教育等方面的客观因素，而且与其个人兴趣、锲而不舍的精神等主观因素密不可分。艾思奇从小就喜欢博览群书，具备吃苦耐劳的品质和自觉地学习的习惯，在良好的家庭教育背景下，也奠定了较好的中西方文化功底。中学时代的他，就已经在众多文化思潮中，情有独钟地对马克思主义产生了浓厚的学习兴趣，经常会在兴趣的促动下，主动学习与钻研马列著作，参加进步团体的活动。随后，他选择去日本留学的初衷，其实除了学工以外，还有一个重要原因，就是当时的日本书店允许出售马列主义著作，这样，他去日本就比较容易读到马列著作，也能有机会认真钻研自己很感兴趣的马克思主义哲学。因而，他在留日期间买了许多日译的马列著作，花了很多精力来学习和研究，也买了一些德文版、英文版马恩原著，准备日后攻读。可见，艰苦的岁月，艾思奇仍然千方百计地搜集马列著作进行学习，若没有足够的兴趣和永不放弃的精神，是很难做到的。之后，国内民族危机加剧，艾思奇出于爱国义愤，选择弃学回国后，一方面，服务于中国革命；另一方面，也继续孜孜不倦地阅读与翻译马列著作，密切结合中国革命实际而勤奋创作，这是出于个人兴趣基础上的马克思主义信仰使然。

二　艾思奇的马克思主义观初步形成期

艾思奇的马克思主义观不是一蹴而就的，他对"什么是马克思主义、怎样对待马克思主义"的问题，有一个从萌芽、初步形成、走向成熟到不断深化的过程。

（一）中学时代：产生了马克思主义观的萌芽（1925 年—1926 年）

1925 年 3 月，艾思奇考入了云南省一中。该校有许多优秀的共产党员、爱国人士，他们以一中图书管理员、教员等职务作掩护，主要向学生宣传马列主义和十月革命，进行新民主主义革命活动，譬如李国柱、楚图南、陈小航，等等，他们在学生中秘密建立的群众性组织"读书会"、"青年努力会"，艾思奇参加了这些组织，开始接触到马列著作和宣传马列的刊物，如他向李国柱借到了陈望道翻译的《共产党宣言》、《共产主义ABC》等，也从陈小航那里获得一些秘密文件来传阅，还时常阅读当时的进步刊物《新青年》、《响导》等。受这些马克思主义理论书刊和革命文件的熏陶，艾思奇深深地被人类历史长河中的新哲学（辩证唯物论和唯物史观）与革命进步力量吸引，思想越来越进步，愈加显现出革命的特色。

这种革命性主要表现为三方面：其一，艾思奇担任一中新成立的学生自治组织学艺部部长期间，承办了文艺演出、演讲、办业余夜校等事项。文艺方面，他积极筹划与参与以宣传反封建、争民主、提倡妇女解放等为主题的话剧演出，建议聂耳创作激动人心的革命歌曲，这给了聂耳很大的启迪，最终创作出了《大路歌》、《义勇军进行曲》等经典曲目。演讲方面，艾思奇时常选择以学习马克思主义理论、宣传进步思想或讲评时事为主题，曾以"什么是唯物史观"为题进行过演讲，因具有鲜明的革命性、理论彻底性而惊诧听众、轰动全校。尤其是开办的义务学校十分富有意义，该校免费招收云南兵工厂、造币厂及街道上穷苦人的子弟来学习文化知识，艾思奇在这所学校专管教务也兼任教员，他不仅为学生答疑解惑，还经常关心学生的生活，了解到了他们受压迫受剥削的状况，增进了对工人的感情，也立下了为工农群众服务的志向。其二，艾思奇担任学生自编刊物《滇潮》的编辑期间，撰写了许多反帝反封建，宣传孙中山的三民主义和一些民主革命思想的文章，隐蔽地宣传了马克思主义的一些基本理论。其三，艾思奇在参加青年团的外围组织"娱乐会"活动、校外"青年读书会"活动、党团组织的游行示威中，日益成为一名理论战士。他经常在"娱乐会"上作有关文化学习、时事报告、各种学术讨论等的演讲和发言。在校外"青年读书会"将宣传革命的著作互相传阅并汇报学习心得。在参加游行示威活动中，他按照地下党的指示，不仅撰文讨伐唐继尧的军阀统治，也参加游行示威来批斗唐继尧，批判他统治云南14年期间忙于军阀混战，耗尽民脂民膏的事实。

中学时代，艾思奇的马克思主义观尚处于萌芽时期，虽然他已初步接触了马克思主义，参加了一系列的革命活动，但还没有完全树立起共产主义的世界观，不懂得应当怎样为党的事业去奋斗。此时，他还只能算做一名进步青年。

（二）两次日本求学期间：马克思主义观初步形成（1927年—1932年）

1927年3、4月间，艾思奇在宗伯、李根源的帮助下首次来到日本，当时的日本是世界各种文化交汇的中心。但艾思奇并没有沉溺于它的繁华，而是把全部精力投身于学习当中。他如饥似渴地拼命浏览，买了许多日译的马列著作，也买了一些德文、英文马恩原著，开始自修德文，以便直接阅读德文原著。他通过研究古希腊哲学、封建社会的经院哲学、德国古典哲学等西方哲学史，逐步对马克思主义产生的渊源及历史意义，有了清晰的认识。他还经常参加中共东京支部组织——"社会主义学习小组"的活动，加深了对中国共产党的认识。1928年5月"济南惨案"发生后，中共东京支部发起留学生归国抗议，艾思奇义愤填膺，与很多饱含爱国热忱的同学一起回到了祖国。他悄悄带回了许多日文版、英文版、俄文版、德文版的马列主义著作，其中有马克思恩格斯共同写成的《共产党宣言》、恩格斯的《反杜林论》、列宁的《唯物论与经验批判论》，斯大林的《论列宁主义基础》、米丁主编的俄文本《辩证法唯物论》、德文本海涅的诗

《德国——一个冬天的童话》，等等。

回国后，即使在昆明养病期间，艾思奇仍然不忘潜心阅读他从日本带回的马列主义的经典著作，他亦为《云南民众日报》、《时政日报》等刊物写了很多文章，特别是在《云南民众日报》副刊上发表了十余篇隐蔽地宣传马克思主义唯物辩证法和唯物史观的文章。譬如，介绍新哲学的简明生动的短论，解释《费尔巴哈论》的文章以及艾思奇以"小幺"的笔名与哥哥李生庄（笔名"老幺"）一起讨论古代公孙龙提出的"白马非马"的问题，均引起了较大的社会效应。艾思奇也参加了地下党的外围组织"云南书报社"，并将带回的革命书籍借给信得过的同志阅读，不懂之处给予讲解。还自修日文版、英文版、俄文版、德文版的马克思主义原著，既学习了外语，又学习了马克思主义。这段时间，他的马克思主义理论功底、外语水平、写作才能得到了综合提升，为他以后所从事的马克思主义理论宣传工作，奠定了良好的基础。他通过对马列著作的研读，对马克思主义的三大主要理论有了比较系统的了解，开始确立起了为共产主义而奋斗终生的思想，实现了思想观的根本转变。他曾对友人陆万美说："我总想从哲学中找出一种宇宙和人生的科学真理，但都觉得说不清楚，很玄妙。最后读到马克思、恩格斯的著作，才感到豁然开朗，对整个的宇宙和世界的发生和发展有了一个比较明确的认识和合理的解释。"[1] 此时，正值1929 年，艾思奇才 19 岁。

1930 年，艾思奇在五叔李子固的帮助下，再次赴日求学。他一边学习工科冶金专业，一边继续自修德语、研读马列经典著作、参加中共东京支部组织的神田中国青年会学习活动、社会主义学习小组的活动，并在与张天放等共产党员的接触中，进一步加深了他对马列主义的信仰。正如他在以后的"自传"中说："从 1925 年起，一直到 1930 年，我不断受到进步政治影响，也参加了一些群众团体的活动，并且开始注意到马克思主义，阅读了一些马克思主义的书籍，对共产党的事业开始有了一定的信仰。"[2] 可见，艾思奇第二次赴日留学期间，进一步加深和巩固了他对马克思主义真理的信仰。1931 年底，因"九·一八"事变，艾思奇再次毅然选择弃学回国。此时的他，开始对父亲所持的"工业救国"思想发生了怀疑，他写信给父亲表达了自己的想法："在帝国主义侵略和封建势力的桎梏下，

① 《艾思奇全书》第 8 卷，人民出版社 2006 年版，第 933 页。

② 卢国英等编：《马克思主义哲学家艾思奇》，中共中央党校出版社 1987 年版，第 268 页。

单讲建设工业，能达到救国的目的吗?"① 他坚信只有马克思主义才能救中国，并从 1932 年以后，他将这种认知转变成为了实际行动。这些转变，可以从他日后所写的自传中得以证明："1933 年以前，我虽读过一些马克思主义的书，也相信共产主义社会必然实现，但我自己没有把这种认识变为行动，所以一直找机会学工业。1932 年以后，这个希望断绝了，我才决心参加革命斗争。"②

三　艾思奇的马克思主义观发展期：上海期间
（1932 年初—1937 年 8 月）

（一）泉漳任教——沿着信仰跨步前进

1932 年初，艾思奇来到笼罩着白色恐怖但又汹涌着革命浪潮的大都市上海。他本想得到叔父的帮助赴德国深造，他认为："德国是一个富有哲学传统的国家，又是马克思主义的故乡，在那里可以深入钻研一下马克思主义哲学。"③ 但去德国的想法未能得到叔父的支持，他未能如愿。此时，父亲已当上了国民党政府的"殖边督办"，曾劝他回云南当他的助手，但艾思奇认为："在国民党政府、龙云的官府里做事，是为虎作伥。"④ 根本不愿意去，于是不得不另谋出路，经人介绍在泉漳中学当物理和化学教员，开始了独立生涯。

这所中学是党领导下的"上海反帝大同盟"的一个阵地，艾思奇在这里接触了不少的共产党员和一大批进步师生。在泉漳任教期间，艾思奇认为："自己走上了独立生活和工作的道路，结束了学生时代。过去流动不定的生活，学的又不是自己爱好的专业，总希望有那么一个机会好好研究一下哲学。现在这个机会来了。"⑤ 于是，除了忙于必要的备课讲课、参加"上反"的活动以外，他特别想做的一件事，就是利用一切可以利用的时间，有计划地钻研一下马克思主义哲学。为此，他废寝忘食地进一步潜心

---

① 卢国英：《智慧之路：一代哲人艾思奇》，人民出版社 2006 年版，第 47 页。

② 王丹一：《马克思主义哲学家艾思奇》，中共中央党校出版社 1987 年版，第 268—269 页。

③ 卢国英：《智慧之路：一代哲人艾思奇》，人民出版社 2006 年版，第 50 页。

④ 同上。

⑤ 同上书，第 53 页。

研究马哲经典著作，还开始撰写哲学论文，翻译马哲专著。后来泉漳中学的停办，使艾思奇失去了经济来源，为了维持生计，经郑易理介绍，艾思奇又担负起为吴清友主编的《中华日报》副刊写作和翻译苏联米丁主编的《辩证法唯物论》日译本的任务。由于不担任教员，也为他省出很多时间来写一些研究马克思主义与揭露国民党腐败的小文章，如《现象·本质》、《谈谈"直译"》、《飞机到哪里去了?》等，虽然艾思奇生活基本处于贫困状态，但他的精神食粮却非常充实，也逐渐小试锋芒，他正沿着他对马列主义的信仰之路跨步前进。

（二）进入"社联"——实现人生转折

艾思奇第一篇完整的系统哲学论文《抽象作用与辩证法》，于1933年6月发表在理论月刊《正路》创刊号上。年仅23岁的他，在这篇文章中却能以丰富的中外哲学史材料，运用唯物辩证法分析"白马非马"问题中凸显的矛盾，它不仅有力地宣传了马克思主义哲学的真理性，而且充分地彰显了艾思奇的哲学才华与相当深厚的理论功底。正是这篇文章，受到了上海左翼文化运动领导人之一的杜国庠和社联领导人许涤新的赏识，他们商量决定将艾思奇吸纳进社会科学家联盟（以下简称"社联"）。社联信息及时、图书资料丰富、人文氛围十分浓厚，汇集了全国著名的马克思主义研究专家，有从事哲学史研究的杜国庠，也有从事经济学研究的许涤新，等等。这给艾思奇所从事的马克思主义理论事业带来了重要转折，他开始走上了真正的革命理论工作的道路。

进入社联之初，艾思奇负责担任社联的研究部长，主要从事哲学研究和宣传马克思主义的工作。他借助社联的种种优势资源，努力钻研马克思主义，其研究成果迅速增加，他在《中华日报》上发表了大量揭露和抨击现实生活和统治阶级的丑恶现象的文章，如《现代自然科学的危机》、《内战的阴影》、《从"洋八股说起"》、《中国戏剧与武生》等。他亦在1933年7月间发表了《进化论与真凭实据》一文，用进化论学说和大量科学事实，批驳了罗广庭博士以"生物不依赖母体或种子能够自然发生"[①] 的"自然发生说"，捍卫了马克思主义重要的自然科学基础，也显露了艾思奇极为厚实的自然科学功底、鲜明的革命性以及善于进行理论战斗的才能。

---

① 《艾思奇全书》第1卷，人民出版社2006年版，第53页。

这与艾思奇的思想观念是密切相关的，因为他深深懂得："马克思认为他的理论的全部价值在于这个理论'在本质上是批判的和革命的。'（列宁语）"①　所以，"艾思奇从走上理论工作道路，就遵循列宁的教导，举起战斗唯物主义的旗帜。"②　不仅如此，艾思奇在看到20世纪30年代的中国，整个学术界、思想界和高校讲坛上，全部充斥着形形色色的封建主义与资产阶级哲学的现状后，深感运用马克思主义的辩证唯物论进行批判是非常必要的。于是，艾思奇首先在《中华月报》上发表了两篇文章《直观主义与理知主义》（1933年9月）、《理知和直观的矛盾》（1933年12月），对当时的资本主义国家有着不小影响，与法西斯蒂紧密相连的柏格森"生命哲学"进行了驳斥，不仅从哲学史上揭露了生命哲学的唯心论本质，阐明了实践是解决理知和直观间矛盾的科学方法，而且特别值得一提的是，艾思奇在文中强调的"实践是辩证法唯物论的理论之核心"③，是艾思奇对实践的新概括。

不久，为反抗日本帝国主义对我国东北地区的占领，揭露国民党蒋介石对革命根据地实行军事围剿的法西斯暴行，艾思奇又在《中华月报》上发表了《二十二年来之中国哲学思潮》（1933年12月）一文，深入剖析了辛亥革命（1911年）至1933年22年间几次大的论战，对资产阶级、封建阶级的哲学进行了批判，指明了马克思主义哲学是顺应时代潮流、满足民众需求的理论。尤其是在1934年10月完成的《中庸观念的分析》一文中，对封建主义的儒家学说的根本观点——中庸主义，进行了揭露：它的实质是唯心主义、形而上学。这无疑打破了几千年的至高教义，在马克思主义发展史上是破天荒的突破。特别是对善恶转化的真正说明，即"善恶的互相转化，并不是什么'气'的正不正，而是社会生产力发展所引起的善恶标准之变化，生产力的发达之可能性就是善恶推移的本质"④，阐述了善是有前进性革命性的发展的东西，极大地鼓励了人民群众的革命精神。

20世纪30年代初，马克思主义得到广泛传播，日益成为人民群众手中的武器，这让敌人感到十分恐慌，于是就收买一些叛徒和资产阶级御用

①　卢国英：《智慧之路：一代哲人艾思奇》，人民出版社2006年版，第59页。

②　同上。

③　《艾思奇全书》第1卷，人民出版社2006年版，第99页。

④　同上书，第155页。

文人，从马克思主义内部来歪曲和篡改其革命精神，这样就出现了叶青哲学。艾思奇写了《论黑格尔哲学的颠倒》（1935 年 11 月）、《关于形式逻辑与辩证逻辑》（1936 年 5 月）、《关于内因论与外因论》（1936 年 6 月）等很多篇文章来揭露其实质——披着辩证法外装的唯心论。并通过与叶青论战"谁是唯物辩证法的真正发明者"、"马克思主义的运动与静止观、内因与外因观"、"哲学与科学的关系"等问题，逐一批判了叶青的"唯物辩证法的发明者歪曲说"、"折中说"、"外铄论"、"哲学消灭说"，捍卫了马克思恩格斯对唯物辩证法的原创事实，阐明了唯物辩证法的起源学说以及唯物辩证法的两对范畴即运动与静止、内因与外因间的辩证关系，宣传了只有推翻帝国主义侵略才能赢得民族独立与社会发展的革命思想，说明了哲学是对各种科学所研究领域的最普遍最一般的法则的认识。

由上可见，艾思奇担任研究部长期间（1932 年夏至 1934 年 6 月），主要是以写文、论战等形式对马克思主义进行深入研究、宣传及捍卫的阶段，艾思奇通过自己的努力，进一步深化了马克思主义观，已经成长为党在哲学战线上的一位十分出色且富有勇气的新战士。

（三）调入《申报》流通图书馆——跨出重要一步

从 1934 年 6 月起，由社联安排，许涤新推荐，柳湜介绍，艾思奇由社联研究部调入《申报》流通图书馆，在图书馆的读书指导部负责解答读者提出的各种问题以及在《申报》的"读书问答栏"刊登读书指导部解答读者提出的带有普遍性问题的文章。这份工作不仅使艾思奇继泉漳中学解散后再次有了固定职业收入，更主要的是让艾思奇的理论工作从此进入新的局面，使他在工作中强化了马克思主义大众化理念，并提供了实践锻炼的平台。因为这一板块主要是用来宣传马克思主义理论，传播革命消息和知识。艾思奇每天都会阅读和解答小职员、失学青年、失业工人等读者来信中的疑难问题和现实困惑，其中不少是关于学习马克思主义中的问题。艾思奇紧密联系当时国际国内的实际形势给读者以启迪，激发他们关心国家和人民的命运，投身于革命中去。正是在这种答疑解惑中，艾思奇明确了马克思主义理论必须服务于大众这一工作方向。而且，社联本身也特别注重在群众中普及马克思主义，专门设立了工农教育委员会和工人读书会，面向大众广泛普及马克思主义理论与社会科学知识，这也为艾思奇提供了良好的马克思主义大众化氛围。

后来，"读书问答栏"停刊（1934年10月），另出《读书生活》杂志（1934年11月），艾思奇担任了该刊物的编辑，主要负责撰写"哲学讲话"与"科学讲话"两栏的文章，也会为"读书问答"、"名词浅释"等栏写稿。特别是他集中精力写作"哲学讲话"，并在《读书生活》杂志上每期发表一篇"哲学讲话"，一年里连续刊登24篇。这24篇哲学讲话随后汇集成书出版，后经修改改名为《大众哲学》于1936年1月出版。《大众哲学》是一本富含马列主义真理，对辩证唯物主义的基本原理进行了通俗化阐述的好书。它自问世以后至新中国成立前的短短15年间，就正式出版了32版。读者数量极多，在当时产生了难以估量的社会效应，使很多人都在与古往今来的封建阶级的和资产阶级的各种哲学流派的比较阅读中，认识到了马克思主义是唯一可以信赖的正确的世界观和方法论，并在学习中受到了马克思主义启蒙教育，自觉投身于革命的行列，这本书也使艾思奇的名字响彻大江南北。这些都给艾思奇在他所从事的马克思主义普及化事业带来了重大转折。当然，《大众哲学》本身也确实存在某些缺陷，艾思奇本人也意识到这个问题，总结起来有三点："在感性认识和理性认识上，过多地强调矛盾，而对统一的方面阐述不够；在辩证逻辑问题上，只是指出它是认识运动的法则，而没有同时指出也是自然和社会的法则；在相对真理和绝对真理问题上，看成是形式和内容的关系。"[1]

在《大众哲学》出版之前，艾思奇还于1935年2月发表了《从新哲学所见的人生观》一文。他希望大众可以运用马克思主义这一世界观和方法论武器来指导其人生问题。在他看来，"新哲学并不是个人的事业，而是大众的事业。"[2] 他曾对冯素陶说过："改造人们的意识形态，使人们都掌握正确的科学的宇宙观、人生观，进而改造社会制度，找到中国的出路。这是哲学的现实意义。"[3]

由于艾思奇写出了很多高水平的马克思主义哲学论文和通俗化著作，又经受了革命斗争中的重重危险与考验，党组织于1935年10月正式吸纳他为共产党员，这大大鼓舞了艾思奇，促成了其著作的多产期，出版了《新哲学大纲》、《民族解放与哲学》、《思想方法论》、《哲学与生活》等很

① 卢国英：《智慧之路：一代哲人艾思奇》，人民出版社2006年版，第123页。

② 《艾思奇全书》第2卷，人民出版社2006年版，第81页。

③ 卢国英：《智慧之路：一代哲人艾思奇》，人民出版社2006年版，第81页。

多部将马克思主义引向大众的著作。

此外，艾思奇对马克思主义的关注并不局限于哲学领域，他还将马克思主义运用于自然科学领域、文艺领域、经济领域。譬如，他写了大量科普作品来传播马克思主义唯物史观；他参与了文艺界关于国防文学和民族革命战争的大众文学这两个口号的论争（1933—1937 年间），写了《论文艺的永久性与政治性》、《论文学的鉴赏》、《"诗人自己的道路"》等多篇文艺理论，着手翻译和评论海涅长诗《德国———一个冬天的童话》，宣传了诗歌当中凸显的反封建、反专制主义思想；艾思奇虽然没有亲自翻译马克思耗费了 40 多年心血的巨著《资本论》，但他对郭大力、王亚南翻译出版《资本论》在资金筹集、文字校对等方面给予了大力支持，他对《资本论》第一卷清样逐字逐句进行了校对，最终在译者和出版社的共同努力之下，《资本论》三卷本最终于 1938 年提前出版，这里面有着艾思奇的一份功劳。

小结：纵观艾思奇在上海时期（1932 年初—1937 年 8 月）的理论研究与社会政治活动，我们可以发现他的贡献是非常突出的，他不仅开创了马克思主义大众化先河，而且他的《民族解放与哲学》、《思想方法论》、《哲学与生活》等很多著作都酝酿着丰富的马克思主义的中国化、具体化、现实化思想。艾思奇还通过翻译出版《新哲学大纲》与写作《现代哲学读本》，已经对马克思主义的哲学产生和发展的历史以及马克思主义哲学的基本理论从本体论、认识论、方法论、唯物辩证法的基本法则与诸范畴等方面，有了系统的认识和理解，并在对观念论、机械唯物论、形而上学等错误理论的分析批判中，更坚定了他的马克思主义信仰。虽然这一时期的艾思奇将主要精力用于对马克思主义哲学的研究，但他支持翻译出版《资本论》的意义非同凡响，为揭示资本主义社会发展规律和为无产阶级进行革命斗争提供了强有力的理论武器，并在参与民族解放运动的指导中加深了对马克思的科学社会主义的认识。此外，还对自然科学、文化艺术的研究与普及中深化了他的马克思主义的自然科学观、马克思主义的文学艺术观，可见，上海时期，艾思奇的马克思主义观是非常丰富的、涉及面是非常广泛的，艾思奇正是在这些探索中不断深化了其马克思主义观，逐渐熔炼为坚定的马克思主义战士。尤其值得注意的是，这一时期提出了很多闪光的观点，譬如，艾思奇在《从新哲学所见的人生观》（1935 年 2 月）一文中所提出的"真正的自由不仅是顺应必然性就能成立，而是要依着必然性去克服必然性的体系自身的矛盾，才能显现的。"① 即自由还包含对必然的改造。又如，他在《理知和直观的矛盾》（1933 年 12 月）中阐述的"实践是辩证法唯物论的理论之核心"的观点②，以及他在《大众哲学》（1936 年 1 月）中有许多见解："矛盾的统一，就是事物变动的内部的动力"③、"不论个人的生活，社会或世界一切的东西，没有一样不包含矛盾"④、"矛盾的统一是动的逻辑的第一条根本法则"⑤，这些都是很有价值的思想，它们在中国宣传马克思主义的道路上熠熠生辉。

四 艾思奇的马克思主义观成熟期——延安时期
（1937 年 8 月—1946 年 11 月）

1937 年 7 月 7 日的"七七事变"之后，党中央需要大批适应抗战形势的发展和持久战争需要的各方面人才（特别是干部人才）。1937 年 8 月起，艾思奇奉命调至革命圣地延安，从此，他先后在抗大马列学院等校、中央宣传部、中央研究院、《解放日报》报社等新的工作单位，承担起了教书育人、文化宣传、理论研究、新闻编辑等新的使命，从此，开始了他更加丰富多彩的人生经历。他的马克思主义观也在这些经历中，从思想观念、学理研究、具体实践、创新发展这四个方面逐渐走向成熟。

（一）思想层面：从马克思主义通俗化提升到中国化的认识高度

目前，学术界公认的是："马克思主义中国化"这一命题是由毛泽东于 1938 年 10 月，在其写的《中国共产党在民族战争中的地位》一文中正式提出的，但早在 1938 年 4 月，艾思奇就已经从哲学领域开始了他对"马克思主义中国化"一词的认识。他在《自由中国》创刊号上发表的《哲学的现状和任务》一文中，首次提出了马克思主义哲学中国化现实化的概念，表达了他的马克思主义观较上海时期所发生的变化。正如他在文中所说："现在需要来一个哲学研究的中国化、现实化运动。过去的哲学

---

① 《艾思奇全书》第 1 卷，人民出版社 2006 年版，第 232 页。

② 同上书，第 99 页。

③ 同上书，第 517 页。

④ 同上。

⑤ 同上书，第 518 页。

只做了一个通俗化的运动，把高深的哲学用通俗的语句加以解释，这在打破一直以来哲学的神秘观点上，在使哲学和人们的日常生活接近，在使日常生活中的人们也知道注意哲学思想的修养上，是有极大意义的，而且这也就是中国化现实化的初步，因为如果没有几分（虽然很少），做到了中国化现实化，是不能够获得相当成果的。然而在基本上，整个是通俗化并不等于中国化现实化。因此它也没有适应这激变的抗战形势的力量，而另一方面，因为整个并没有做到中国化现实化，所以也不够充分的通俗化。"①

可见，艾思奇之所以在此时提出马克思主义哲学中国化现实化的概念，有其必然性，就其自身而言，是由于他经历了上海时期将马克思主义哲学通俗化的过程之后，日益意识到这只是初步，在民族危机日益加剧的新时期，应加快解决中国人民力求实现的民族解放问题，所以他发出了马克思主义哲学中国化现实化的口号。值得关注的是，艾思奇在其倡导的哲学中国化运动过程中，日渐意识到只有对马克思主义全部理论进行中国化，才能更好地实现马克思主义哲学的中国化，这种思维转变可从他用来指导学习竞赛的两篇文章《正确的工作态度和工作方法就是辩证法》、《怎样研究辩证法唯物论》中寻找到逻辑根源。因而艾思奇走上马克思主义中国化之路是其个人思想发展的必然，是其认知上的一次升华。而这种认知的转变归根结底是由当时中国遭受日本侵略日益加剧的特殊国情决定的，是这一时期的中国共产党受到"教条主义与主观主义"毒害与惨痛教训后总结出来的经验，也是此时哲学界积极思考哲学的现状和未来时发现的马克思主义哲学发展的逻辑必然。其实，马克思主义中国化不仅具有必然性，而且具有可能性。正如艾思奇所说："马克思主义之所以能够中国化，是由于中国自己本身早产生了马克思主义的实际运动，中国的马克思主义是在中国自己的社会经济发展中有它的基础，是在自己内部有着根源。"②

（二）学理层面：对马克思主义"中国化"诸多问题作深刻阐述

如果说艾思奇将马克思主义理论从通俗化提升到中国化的认识高度，强调在继续开展通俗化事业的同时也注重马克思主义理论与中国实际相结合，是其思想上的重要转变，那么，艾思奇在《论中国的特殊性》一文中，则对马克思主义"中国化"的根据、内涵、形式等重大问题作了初步

---

① 《艾思奇全书》第 2 卷，人民出版社 2006 年版，第 491 页。

② 同上书，第 778 页。

的阐述，为马克思主义中国化提供了学理依据。

关于"马克思主义中国化"的内在根据，艾思奇认为："马克思主义之所以能够中国化，就因为马克思主义有一般的正确性，是放之四海而皆准的。"① 简言之，马克思主义是能为全世界各国所用的科学的世界观与方法论，它的实质是国际主义的。

"马克思主义中国化"的内涵，艾思奇概括为实践应用、民族化、发展创造三个方面：（1）马克思主义中国化需要坚持马克思主义与中国具体实践相结合。就是要立足于马克思主义基本观点、基本原则，"来具体地客观地研究中国的社会经济关系，来决定中国无产阶级在中国民族革命斗争中的具体任务及战略政策。"② （2）马克思主义中国化是坚持社会发展规律的普遍性与中国特殊性相结合。艾思奇认为马克思主义的基本规律"在不同国家，不同的民族间，因着客观条件的差异，而有着各种各样特殊的表现形式。"③ 没有抽象的马克思主义，只有具体的马克思主义。（3）马克思主义中国化需要创造性地发展马克思主义。艾思奇认为："真正能使马克思主义中国化，也正是有着'创造'的作用了"④，它强调的是要给马克思主义的总宝库里放进一些结合中国实际的新贡献。

马克思主义中国化的表现形式应是用中国风格、中国气派、中国特色的语言构建整个创新体系，"就是要把中国的特殊性，依据中国的特点使马克思主义在这个民族的特殊形式之下表现出来。"⑤ 马克思主义中国化的方法原则是"用辩证唯物论的既成的方法和政治经济学的既成方法，来研究中国的生产关系及其发展"⑥，这些为我们践行马克思主义中国化提供了具体的指导。

（三）实践层面：从阐释马克思主义到解决中国现实问题的转变

艾思奇到达延安后，由于得到了党中央特别是毛泽东同志的直接指导，艾思奇的理论研究呈现出全新的姿态——始终注重在解决现实问题中

---

① 《艾思奇全书》第 2 卷，人民出版社 2006 年版，第 775 页。

② 同上书，第 774 页。

③ 同上书，第 770—771 页。

④ 同上书，第 774 页。

⑤ 同上书，第 779 页。

⑥ 同上书，第 777 页。

深化其马克思主义观。我们沿着艾思奇在延安期间主要参与的"理论学习活动—革命文艺大众化运动—延安整风运动—批判国民党反动哲学运动"这一条活动线索进行梳理，可以发现：艾思奇在干部理论学习活动中，参与解决了马克思主义人才培养的问题；在革命文艺大众化运动的推进中，参与解决了如何以文艺的有效方式来鼓舞尽可能多的人去参加革命的问题；在延安整风运动和批判国民党反动哲学运动中，参与解决了马克思主义理论教育问题以及捍卫中国共产党的马克思主义指导思想的问题。

延安早期，即艾思奇在抗大、陕公和马列学院等校任职期间（1936年底—1939年初），艾思奇将很大精力投入到了干部理论学习中，尽心竭力地帮助干部系统学习辩证唯物论和唯物史观。特别是1938年9月召开党的六届六中全会后，毛泽东把加强马克思主义理论学习作为"有头等重要意义"①的工作来抓，艾思奇积极参加延安掀起的学习竞赛热潮，还新编了《哲学"研究提纲"》、《哲学选辑》、《唯物史观》等书，尤其是他的《哲学"研究提纲"》，改变了上海时期对苏联米丁主编的《新哲学大纲》的依赖，也有别于当时斯大林的《辩证唯物论与历史唯物论》，在许多问题的阐述上有着艾思奇自己研究的成果。这篇著作深深吸引着毛泽东，毛泽东认真阅读并作了长达33条的详细批注。可见，延安时期，艾思奇的理论事业越来越走向成熟。

延安中期，即艾思奇担任中央文委秘书长兼陕甘宁边区文化协会主任，并任《中国文化》主编期间（1939年初—1941年7月），主张文艺界人士应以文艺为载体、以抗战为主题，大力推进马克思主义革命理论的大众化运动。他在《〈日出〉在延安上演》一文中说："艺术运动是民族战斗的一个重要力量，在抗战的今天，要使艺术工作离开抗战，那不仅只是抗战的损失，而且也是艺术本身的损失。因此我们的艺术工作的立场，首先就应该是抗战的立场。艺术工作者首先在政治上是要赞成抗战的，他还应该去努力体验和反映抗战的现实，用自己的艺术的武器为抗战服务。"②在此基础上，艾思奇还认为，服务于抗战的口号固然重要，但艺术作品能否满足大众需求也十分重要。"尽管我们把服务于抗战的口号提得那么高，尽管我们说要为高度的艺术质量而努力，如果所产生的作品，毫无把握观

---

① 《毛泽东文集》第2卷，人民出版社1993年版，第224页。
② 《艾思奇全书》第2卷，人民出版社2006年版，第805—806页。

众的力量，那我们的作品，只等于流产，我们的抗战艺术工作，就等于白做。"① 因而，艾思奇主持文化工作期间，与文艺界人士一起大胆地尝试各种新的旧的、国内外的、地方的、民间的、最简单和最复杂的艺术形式，来暴露现实革命中的矛盾冲突，最终诞生了一大批深入人心、深受百姓欢迎的革命文艺作品，譬如，大型歌剧《兄妹开荒》、《白毛女》、《母亲》，话剧《雷雨》、《日出》、《阿 Q 正传》，京剧《打渔杀家》、《逼上梁山》、《三打祝家庄》，秦腔《血泪仇》，歌曲《延安颂》、《生产大合唱》、《黄河大合唱》、《咱们的领袖毛泽东》，等等。虽然艾思奇主要是在延安中期将马克思主义文艺大众化运动推向高潮，但延安后期，当他在从事繁忙的《解放日报》编务工作时，也没有放弃对文艺大众化工作的开展，他加强和改进对文艺作品的报道，不仅亲自给京剧《逼上梁山》，秧歌剧《惯匪周子山》、《钟财起家》等写剧评，也号召编辑们对延安和各抗日根据地的优秀文学作品进行写作介绍，并尽可能转载，以扩大影响力。

延安后期，即艾思奇调至中央研究院和《解放日报》报社工作期间（1941 年 7 月—1946 年 11 月）。艾思奇从 1942 年到 1945 年参加了党中央和毛泽东所发动的反对主观主义、宗派主义和党八股的"整风运动"，实现了思想上的转变，正如他在新中国成立后出版的《"有的放矢"及其他》一书的前言里写道："延安整风运动教育了广大的共产党员和革命工作干部，我自己在这个运动中也受到了很多的教育。在这些教育的帮助下，开始认识了和改正了自己许多知识分子的缺点。这本集子里的文章，特别是关于哲学部分的几篇稍有系统的文章，就记录了自己当时思想上的变化过程。"② 这里，艾思奇指的是《不要误解"实事求是"》、《学习观念的革新》、《谈讽刺》、《谈主观主义及其来源》、《怎样改造了我们的学习——在延安中央研究院的学习总结报告》、《"有的放矢"及其他》、《关于唯物论的几段杂记》这七篇为整风而写的文章，记录了其思想转变的六个方面：（1）消除了过去对毛泽东提出的"实事求是"的四种误解，即误把片面的事实当作事实的全体，"真正的'实事求是'，首先必须注意事实的各个方面，而不是只看片面"③；误把表面现象当作事实的主体，"真正的'实事求是'，必须从实质上理解事实，而不应该只就表面现象来看

①《艾思奇全书》第 2 卷，人民出版社 2006 年版，第 807 页。

②　卢国英：《智慧之路：一代哲人艾思奇》，人民出版社 2006 年版，第 271 页。

③《艾思奇全书》第 3 卷，人民出版社 2006 年版，第 296 页。

事实"①；误将不同条件下的现象当作普遍的缺点和错误，"真正的'实事求是'，就必须把事实看作一定具体条件之下的事实"②；误将实事求是仅仅理解为就是理解事实和认识事实，"真正的'实事求是'，不仅仅在于理解事实和认识事实，而且要从这理解和认识中求得指导行动，推动工作的方法"③。与这四种误解相对应地便是要在今后的工作和生活中，实现"'全面地看待问题'、'善于抓住事物的实质'、'注意一定条件'、'在理解事实和认识事实的基础上积极想办法付诸行动'"的转变。（2）对"理论联系实际"较过去有了更正确的理解。艾思奇说："以前我们对于什么是理论，什么是实际，认识就非常模糊，现在我们真正懂得了，我们的理论必须是'与实际密切联系着的理论'，'是从实际中抽出来，又在实际中得到证明'的理论。我们已经看见，22 个文件，也就是这样的理论，这样的理论在指导我们解决实际问题上，有着很大的力量……所谓联系实际，必须是把适当的理论作为指导武器，来解决当前的一定的实际斗争问题。"④（3）对教条较过去有了正确的认识。正如艾思奇所说："我们以前学习马列主义，是为理论而学习理论，不是为把这些理论变为实际行动……现在我们才明白，这一切观念都错误了……尽管我们能背诵千百条文，尽管这些条文是从马恩列斯的名著里抽取出来的，如果与当前的实际行动不切合，不能推动实际行动，那我们所记诵的，仍变成了一些空洞的教条（虽然在原著上是与实际密切联系的理论）。相反地，尽管某些文献是简明易懂，尽管它在文字形式上对教条主义者似乎很'不够味'，然而它和当前的实际运动，发生伟大的行动力量，那它就是生动的，新鲜活泼的马克思主义理论。"⑤（4）对经验较过去有了正确认识。过去我们对待经验，往往从每个个体出发，从某一方面的革命经验出发，对百姓的学习不够，调查研究时对实际的把握不够。现在我们懂得了："经验是必须看重的，但一种经验只在一种环境条件下有它的唯物论的价值。满足于经验知识，忽视它的条件性，任意引用，就成为经验主义，这也不是合乎马克

---

① 《艾思奇全书》第 3 卷，人民出版社 2006 年版，第 296 页。

② 同上书，第 297 页。

③ 同上书，第 298 页。

④ 同上书，第 355 页。

⑤ 同上书，第 357 页。

思列宁主义的"①，"每一个人的直接经验都是可贵的，但同时也是有限的"② "克服经验主义的方法，第一正是要扩大经验知识的范围，考虑自己的经验，学习他人的经验（首先是群众的，老百姓的经验），甚至于学习敌人的经验（必须估计到这是从敌人的立场上的认识，而加以适当的纠正）。把多方面的经验加以分析，综合，然后对于所要研究的东西，才能够达到理论的了解。"③ （5）对中国大众的立场有了更深的理解。如今我们懂得了，学习应当站在这样的立场上："即学习做'老百姓的勤务员'，学习'全心全意'地'为人民服务'，只有为着这样的革命目的的学习，才能真正做到言行一致。"④ 也才能避免犯教条主义的错误，因为"实际上教条主义最主要的特征，就是言行不一致。"⑤ 也才能避免犯经验主义的错误，"克服经验主义的方法……第一正是要学习他人的经验（首先是群众的，老百姓的经验）"⑥。（6）对整风运动的目的有了更准确的认识。对于同志教育，"惩前毖后、治病救人"⑦，而不是人身攻击。对于自己和敌人，对于教条主义，可以使用讽刺这种战斗的武器。以上转变，使艾思奇逐渐冶炼成一名杰出的马克思主义哲学家。

同时，艾思奇写成《抗战以来的几种重要哲学思想评述》一文，强调加大对"中国的固有哲学的研究"⑧，吸纳中国传统文化的精髓以发展马克思主义，并强调将马克思主义哲学"应用于各门科学"的思想，以便诞生像葛名中先生的《科学的哲学》、刘泽如同志的《行为研究举例》、毛泽东同志和朱德同志的军事辩证法思想等很多部将马克思主义分别运用于自然科学、心理学、军事学等领域的典范。

此外，艾思奇写作《论中国的特殊性》、《〈中国之命运〉——极端唯心论的愚民哲学》等文，通过对叶青"国情论"的批判，表明了艾思奇反对任何借口中国特殊性来取消马克思主义中国化的思想。而他逐一揭露国民党的三套主要哲学体系（蒋介石的"力行哲学"，陈立夫的"唯生论"

---

① 《艾思奇全书》第 3 卷，人民出版社 2006 年版，第 338 页。

② 同上。

③ 同上书，第 340 页。

④ 同上书，第 508 页。

⑤ 同上书，第 507 页。

⑥ 同上书，第 340 页。

⑦ 《毛泽东文集》第 8 卷，人民出版社 1999 年版，第 443 页。

⑧ 《艾思奇全书》第 3 卷，人民出版社 2006 年版，第 253 页。

哲学和阎锡山的"中"的哲学）在世界观上存在的唯心论、二元论，在方法论上的形而上学以及思想上的防共本质，是意在说明毛泽东思想才是马克思主义中国化的光辉典范。

（四）创新层面：丰富马克思主义与集中宣传毛泽东思想相结合

延安时期艾思奇对马克思主义的创新有很多，大体有如下几方面：（1）艾思奇于1938年4月在《哲学的现状和任务》一文中，第一次提出了"马克思主义哲学中国化现实化"的概念，这具有开创意义，丰富了马克思主义。（2）艾思奇在抗大任教期间，针对国民党反动派大肆污蔑共产党是要"共产共妻"的情况，他于1938年9月发表了《共产主义者与道德》，批判分析了绝对主义道德观与相对主义道德观这两种旧的道德观，对共产主义道德与前两者的区别及实质做了详细说明，是中国马克思主义发展史上最早的一篇关于道德理论的相当系统的文章，丰富和发展了马克思主义伦理学。（3）艾思奇在《哲学是什么》、《什么是辩证法》两份仅存的讲稿中创造性地提出了"哲学的党性原则"①、"马克思主义辩证法运动观有五大特点"②、"事物根本质变之前会发生部分质变"③ 等新的观点，它们是艾思奇的独创性论述。（4）艾思奇于1939年3月出版了《唯物史观》这本系统讲述唯物史观的教材，尤其是第五章《民族与民族斗争》和第六章《家族》，是重点结合中国的抗日民族统一战线，对民族与家族问题进行的探讨，极大地丰富了马克思主义的唯物史观。（5）1941年艾思奇所写的《鲁迅先生早期对于哲学的贡献》一文，着重从哲学的角度而不是文学的角度研究了鲁迅思想的发展，这是哲学界和文艺界都未曾做过的卓越的研究成果，是辩证法唯物论应用于文学领域的体现。既深化了艾思奇继上海时期以来对鲁迅的研究，又丰富了马克思主义与其他学科的应用观。

同时，艾思奇致力于集中宣传毛泽东思想这个马克思主义的重要创新成果，他参加了毛泽东的哲学小组，积极参与对《矛盾论》、《实践论》的讨论，响应毛泽东同志的号召编写了《马恩列斯思想方法论》，深刻领会并在延安后期的审干运动中始终坚持毛泽东提出的"实事求是"的思想

① 《艾思奇全书》第3卷，人民出版社2006年版，第22页。

② 同上书，第74—79页。

③ 同上书，第117页。

路线，并且写了《反对主观主义》、《"有的放矢"及其他》等文章，做了《怎样改造了我们的学习》的报告。他认为："毛泽东同志的著作，是抗日战争时期战斗经验的总结，是马克思列宁主义的普遍真理的一部分。"①"中国革命的新民主主义性质的理论，抗日的持久战的规律认识，统一战线的战略策略的理论，就是中国的党在全部马克思主义的宝库中增加进去的许多新的东西。"②

小结：艾思奇在长达近十年的延安时期，在"什么是马克思主义和怎样对待马克思主义"的问题上，其认识已趋于成熟。在"什么是马克思主义"的问题上，艾思奇已经跳出了仅仅从马克思主义哲学、马克思主义政治经济学、科学社会主义这三大组成部分来整体解读马克思主义理论的简单逻辑，并深刻地认识到马克思主义之所以被称为是科学的世界观和方法论，就在于它有一般性，在于它能为他国所用。他不仅从思想观念上已经发生了转变，认识到仅仅学习研究马克思主义著作、通俗地诠释马克思主义理论文本是不够的，要让马克思主义基本原理为中国实际所用。而且，他专门对马克思主义中国化的内涵、根据、表现形式、方法原则等作出了深刻阐述。还在实践层面上紧密联系中国实际需要来加以发挥，与中国传统文化形成互动、在各门具体科学中加以运用，从而增添了马克思主义的新内涵。在"怎样对待马克思主义"的问题上，艾思奇在理论研究、工作实践、文化宣传、编辑任务等具体工作中，对如何运用、宣传、捍卫、发展马克思主义有着深刻的理解。在整个延安时期，他更加突出运用马克思主义来解决人才培养、延安整风、批判反共思想等现实问题的能力，强化了宣传马克思主义以实现大众化的思想，他在继续出版通俗读物的同时，也通过长期的文艺工作，走出了一条体现中国革命、具有中国语言风格和中国文化特色的革命文艺大众化道路，这条道路使得马克思主义大众化事业更加生动、有效。在捍卫马克思主义的问题上，艾思奇已经能够灵活运用自己多方面的工作优势，以发文、论战、宣讲、文化引导、新闻播报等多种形式，相互兼容地与反动派进行思想战斗。而对于发展马克思主义，艾思奇更加注意到创新马克思主义与集中宣传马克思主义中国化在当时的集中成果——毛泽东思想，都是它的重要体现。整个延安时期，艾思奇的马克思主义观主要实现了三大转变：（1）思想转变——从主要进行马克思

---

① 《艾思奇全书》第3卷，人民出版社2006年版，第550页。

② 同上书，第288页。

主义理论通俗化事业到可以同时进行马克思主义中国化现实化事业。(2) 实践侧重点转变——从主要阐释翻译马克思主义理论到主要解决中国现实问题的转变。(3) 宣传内容转变——从仅仅传播马克思主义的基本理论到可以同时传播马克思主义创新理论的转变。

五 艾思奇的马克思主义观深化期——北京时期
(1949 年初—1966 年 3 月)

艾思奇于 1946 年底离开延安,从山西辗转到河北平山县马列学院任教,并随着马列学院的迁移,艾思奇于 1949 年初抵达北平,进入北京马列学院(即中共中央党校前身)任教,开始了他新的人生历程,直到 1966 年 3 月逝世,他在这里生活工作了近十八年。这一阶段,艾思奇主要从事马克思主义理论教育活动、编写具有中国特色的哲学教科书、研究和宣传毛泽东思想以及对反马克思主义进行批判并参与学术论争等事项,他在这些历练中,其马克思主义观也得到了进一步深化。

(一) 深化了运用马克思主义理论来解决现实问题的思想

艾思奇非常注重应用理论来说明和解决实际问题。他经常引用毛泽东的话说:"如果你应用马克思列宁主义的观点,说明一个两个实际问题,那就要受到称赞,就算有了几分成绩。被你说明的东西越多,越普遍,越深刻,你的成绩就越大。"[①] 秉承这种理念,艾思奇结合新中国成立后社会主义革命与建设中他所参与的主要理论活动为线索,继续探索运用马克思主义来解决现实问题的能力,这是继上海时期、延安时期,艾思奇运用马克思主义指导中国抗战这一最大实际的继续与深化。

1. 在马克思主义理论教育活动中解决运用马克思主义理论来武装人们头脑的问题

关注人的解放,始终是贯穿于马克思主义理论三大组成部分(马克思主义哲学、政治经济学和科学社会主义)中的一条主线,是马克思主义的核心问题。1843 年,马克思在《黑格尔法哲学批判》中,最早提出了关于人的解放的思想。他说:"理论只要彻底,就能说服人。所谓彻底,就

---

① 卢国英:《智慧之路:一代哲人艾思奇》,人民出版社 2006 年版,第 900 页。

是抓住事物的根本。但人的根本就是人本身。……必须推翻那些使人成为
受屈辱、被奴役、被遗弃和被蔑视的东西和一切关系"。① 解放之初，结合
全国人民的文化水平、思想水平较低的实际，艾思奇在《学习》刊物上相
继发表了《从头学起》、《学习——思想领域的解放战争》、《前进一步》、
《论思想改造》这四篇文章，说明了我国在取得劳动人民的政权后，要想
获得人的真正解放与自由发展，急需进行一场思想上的解放战争，原因在
于"中国人民过去不但在政治上、经济上受着反动派的残酷压迫和剥削，
而且在思想上也受着严重的束缚，这束缚是如此严重，以至于在我们把反
动统治从政治上打垮之后，它还会保留着很大的、长时期的影响。而必须
人民自己不断地努力来争取从这影响下求得解放。"② 加上新中国成立后我
国在军事、经济和外交等方面的基本国情：军事上，国民党还有上百万军
队在负隅顽抗；经济上，我们所继承的是一个千疮百孔的烂摊子；外交
上，美国拒绝承认并竭力阻挠其他国家承认新中国，对新中国实行政治孤
立、经济封锁和军事包围的政策。艾思奇认为这种国情需要党中央的正确
指导和在全国范围内开展马克思主义理论教育活动。正如他所说："摆在
全国人民面前的是更多复杂艰难的任务……要完成这些任务，不但需要中
共中央的正确指导，而且需要广大的干部、知识分子、工人学习马列主义
理论，提高自己的认识和觉悟。马列主义毛泽东思想愈更普遍地成为群众
的思想武器，我们的革命事业的完成就会愈更顺利。"③

在这次全国范围内的马克思主义学习热潮中，艾思奇提出了从头学起
的思想，他说："解放之后，马列主义思想对于人民群众还是陌生的，许
多人甚至对此毫无所知。而旧社会的非马克思主义思想以及反动派的宣传
却还保留着很大的影响。"④ 鉴于这样的状况，他阐明了对马克思主义普及
内容的观点："不求读太多的书本，不一定要听很多的讲授报告，不急于
马上获得马列主义的理论、政策的一切方面的知识。"⑤ 因为在他看来，
"读书很多，听讲授很多，不见得就能真正学会马列主义。"⑥ 他主张学习

---

① 《马克思恩格斯选集》第 1 卷，人民出版社 1995 年版，第 9—10 页。
② 《艾思奇全书》第 4 卷，人民出版社 2006 年版，第 118 页。
③ 同上书，第 61 页。
④ 同上书，第 61—62 页。
⑤ 同上书，第 62 页。
⑥ 同上书，第 63 页。

内容应该"少而求精"①。他十分认同各地方的学习运用主要是以社会发展史、历史唯物论的学习作为首先学习的入门内容。他说:"学习历史唯物论——社会发展史是学习马列主义理论的开始,是学习理解毛泽东思想的一个基础。"②它可以帮助我们"较有系统地建立起马克思主义的几个基本观点:一、劳动创造世界的思想;二、阶级斗争的思想;三、马克思主义的国家学说。掌握了这些基本的观点,许多不了解和想不通的问题就往往能够迎刃而解。由此前进一步,不论是参加工作,或继续更深入的学习,都有很大的便利。"③

艾思奇在积极开展"历史唯物论—社会发展史"的学习活动时,也逐渐认识到要同时开展思想改造运动,才能更好地运用马克思主义指导与解决人们思想解放的问题。原因在于:"联系实际,是学习马列主义理论的最基本的方法……而学习联系实际,第一步是方便的方法,就是联系自己的思想,就是应用所学到的马列主义理论来解决自己的思想问题……这也就是说,学习马列主义的第一步是要改造思想。"④是要用马列主义的基本观点,来反对自己原有的非马列主义的观点。艾思奇在《学习——思想领域的解放战争》中针对学习马列主义过程中,不同学员在同样内容上呈现出来的不同思想观点这一现象,他进一步指出了要"'有的放矢'、'有目的地研究马克思主义'"⑤。因而,他在干部中主要开展工作方法的改造,帮助干部纠正普遍存在的经验主义、教条主义错误;在高等学府主要开展思想转变的教育,到北大、清华等高等院校讲过马克思主义哲学,做过很多报告,他多次与老教授们开座谈会,促膝谈心,尤以"艾思奇三进清华园"在当时激起极大反响;他积极深入民众,耐心地说理,正面地引导,促进他们进行自我教育、自我觉悟。

这场从1949年初开始到1952年底大体结束的学习和思想改造运动,实质就是将学习历史唯物论—社会发展史以及进行思想改造、自我教育批评等作为主要方式,来实现全国范围内最广大人民群体的马克思主义普及化运动,并在这种正面宣传教育中肃清帝国主义、封建主义和洋奴买办思

---

① 《艾思奇全书》第4卷,人民出版社2006年版,第62页。

② 同上书,第430页。

③ 同上书,第62页。

④ 同上书,第64—65页。

⑤ 同上书,第122页。

想等旧社会敌对意识形态对工农干部、知识分子和广大人民群众的继续毒害，克服因革命胜利可能滋长的骄傲自满、享乐腐化等腐朽思想的侵蚀，与国民党残余在思想文化领域进行的反共宣传继续斗争，最终使我国在政治上的解放后也能实现人的思想上的解放。

1952 年底至 1956 年底，艾思奇在北京马列学院为党的中级干部主要进行了辩证法唯物论和历史唯物论的授课，随后又受邀给科学界与文艺界人士举办了哲学讲座，这是继解放之初的学习和思想改造运动后的第二次学习马克思主义的活动，主要是启发学员们自觉地努力改正自己的与辩证法唯物论和历史唯物论原理原则相违背的思想方法、工作方法和工作作风，改正自己原来认识上的主观性、片面性和表面性的毛病以及缺乏群众观点等毛病。艾思奇结合学员们的实际，提出了"边学边联"、"边学边练"的教学思想，即"一方面要对辩证法唯物论和历史唯物论的各项理论原理作相当全面系统的讲解，并依据自然历史、人类历史以及党的政策路线、工作方法等方面的现实材料，来指明马克思主义的哲学原理是从我们的世界观到工作作风一直贯穿到底的普遍真理；另一方面又必须有重点地抓着同学们的思想和工作中的某些实际问题来加以解决，使同学们在学习哲学的过程中同时就得到理论联系实际的方法的锻炼。"①

1959 年秋至 1965 年底，艾思奇参加了全国秀才班的系统培训活动，这是他在北京时期所参与的第三次较大规模的马克思主义理论教育活动，主要是参与解决了为国家专门培养一批"较多地懂得马克思主义，又有一定的文化水平、科学知识、词章修养"②的理论干部问题。在这一次的马克思主义理论教育活动中，艾思奇的思想观有了进一步的深化，他认为在中国更应该加强以毛泽东思想为指导。正如他在给"61 班"开学典礼上的讲话中说："在 1959 年，在各方面的影响下，我们感觉到在以毛泽东思想的指导这一点上，更应该加强。"③在这种思想观的指引下，艾思奇在这次马克思主义理论教育中，更多地采用马克思主义的创新理论（在当时主要是毛泽东思想）来指导学员。在他看来："毛主席的世界观就是马克思列宁主义的立场、观点、方法，就是辩证唯物主义和历史唯物主义，毛主

---

① 《艾思奇全书》第 5 卷，人民出版社 2006 年版，第 438 页。

② 卢国英：《智慧之路：一代哲人艾思奇》，人民出版社 2006 年版，第 654 页。

③ 《艾思奇全书》第 7 卷，人民出版社 2006 年版，第 491 页。

席又把这个世界观进一步发展了。"①

2. 在编写《辩证唯物主义讲课提纲》和《辩证唯物主义和历史唯物主义》这两本教材中解决 20 世纪五六十年代紧缺具有中国特色的马克思主义哲学教科书问题

1953—1957 年间，中共中央党校聘请了许多苏联专家来华讲课，艾思奇在向苏联专家学习和从事助教工作的过程中，高度肯定了苏联专家们的工作业绩和他们的优点，同时也逐渐认识到了他们的讲课所存在的一些问题：机械式教条式地对待马克思主义、对于中国的情况和经验不甚了解、引用苏联教材与讲义使得学员们和苏联专家的沟通比较费力，等等。因而，艾思奇强烈地意识到中国应该自己培养一批教员来为学生讲课，应该有一本紧密结合中国革命实际的哲学教材。卢国英同志曾回忆道："艾思奇深感我们自己编写教材的迫切性和重要性，于是，从 1954 年开始酝酿、准备，着手编写一本紧密结合中国革命事迹的、有自己特点的哲学讲义。他一边按教学计划给学员讲课和校外讲课，一边动手编写教材。"② 经过一年多的努力，艾思奇于 1956 年底完成了《辩证唯物主义讲课提纲》（以下简称《讲课提纲》）。事实上，艾思奇每一时期都十分注重对辩证法唯物论的研究。从上海时期的《新哲学大纲》到延安时期的《哲学"研究提纲"》再到北京时期的《讲课提纲》，有一个不断扩展与创新、内容不断更新的过程。

1961 年 11 月艾思奇主编出版了《辩证唯物主义和历史唯物主义》这本"中国人自己编的第一本系统而完整的马克思主义哲学教科书"③，与《辩证唯物主义讲课提纲》一起构成了 20 世纪五六十年代以艾思奇为核心的理论工作者们所创作出来的马克思主义哲学中国化现实化、大众化的精品和典范，是以成果的形式直接深化了艾思奇在延安时期所提出的"马克思主义哲学中国化现实化"④ 思想。他阐述了他对编写的总体把握与看法，主要有三点：（1）艾思奇认为编写哲学教科书需要坚持马克思主义普遍原理和中国具体实际相统一。他在 1962 年秋曾对中国人民大学哲学系的师生们说过："我们编写教科书的目的，是为了给学习哲学的同志讲解一些

① 《艾思奇全书》第 8 卷，人民出版社 2006 年版，第 611 页。

② 卢国英：《智慧之路：一代哲人艾思奇》，人民出版社 2006 年版，第 18 页。

③ 同上书，第 697 页。

④ 《艾思奇全书》第 2 卷，人民出版社 2006 年版，第 491 页。

马克思列宁主义哲学的基本知识"①，在联系实际问题的时候，联系到中国革命和社会主义建设，我们着重从哲学上概括一些比较重大的经验。②

（2）艾思奇认为编写哲学教科书要坚持阐明马哲原理和说明毛泽东同志对马克思列宁主义哲学的发展相统一。他说："我们的中心任务是结合中国革命和中国社会主义建设的实践来阐明马克思列宁主义哲学的发展。"③

（3）艾思奇认为编写哲学教科书要坚持马克思主义世界观和方法论的统一。哲学教科书一开始就开宗明义地说："辩证唯物主义和历史唯物主义是马克思主义哲学，是马克思主义的全部学说的哲学基础，是革命的工人阶级的世界观。"④"在马克思主义哲学里，世界观和方法论是统一的，这是不同于以往哲学的一个根本特点。"⑤

3. 在批判反马克思主义中解决对马克思主义的捍卫问题

用马克思主义的武器来批判反马克思主义的错误理论，在学术上开展批评和反批评的争鸣，这是艾思奇的理论联系实际上更高一层次的具体方法。艾思奇在上海时期，写过许多文章，批判过叔本华哲学、柏格森哲学、实用主义哲学、张君劢的玄学、张东荪的新康德主义哲学；在延安时期批判过陈立夫的唯生论哲学、阎锡山的"中"的哲学、蒋介石的唯心论的愚民哲学；在北京时期，主要指 20 世纪 50 年代中期，艾思奇还批判过胡适的实用主义、梁漱溟的反动哲学。对胡适和梁漱溟的批判是联系我国50 年代中期的思想实际而开展的，我国对农业、手工业、资本主义工商业的社会主义改造基本完成后，社会主义制度正式确立起来，我国的政治结构、社会经济结构都发生了深刻的变化，但在思想上，人们还受到封建思想和资产阶级唯心思想的毒害，这不能适应新形势下人们思想也需要随之提升的要求。因而，发动了一场全国范围内的以反对资产阶级唯心主义为主要内容的斗争。目的是为了向广大干部群众和知识分子进行深入的辩证唯物主义的教育。

艾思奇认为："实用主义使用了一些科学的唯物论的概念，但所谓唯

① 《艾思奇全书》第 8 卷，人民出版社 2006 年版，第 99 页。

② 同上。

③ 同上书，第 100 页。

④ 《艾思奇全书》第 7 卷，人民出版社 2006 年版，第 537 页。

⑤ 卢国英：《智慧之路：一代哲人艾思奇》，人民出版社 2006 年版，第 694 页。

物论科学是假的，实际是主观唯心主义，主要是它不承认认识反映客观规律。"① 体现于他的《批判胡适的实用主义》、《胡适实用主义哲学的反革命性和反科学性》两篇文章。他又在《批判梁漱溟哲学思想》一文中说道："梁漱溟和胡适同样地在中国人民中间散布了最腐朽最反动的主观唯心主义哲学思想，只是形式上稍有不同。"艾思奇以"一锅东西方各种反动唯心主义的大杂烩。"形象地阐明了它的本质。即艾思奇在文中所说："梁漱溟的主要努力，是力图把五四新文化运动所打倒了的'孔家店'重建起来，所以他要贩卖一些以所谓'东方精神'为商标的货色，要歌颂儒家的封建伦理道德，歌颂佛家的宗教思想和唯识哲学，但同时也对法国的柏格森，德国的杜里舒，英国的罗素以至于美国的杜威等所谓'西方'的主观唯心主义者表示了倾慕之忱，这在形式上好像只是由于他在这些'西方'的主观唯心主义者中找到了与自己思想相似的某些共同点，而在实际上却应该看做是这样一种阶级内容的反映。"② "所以，中国人民在现在的反对资产阶级唯心主义的规模巨大的斗争中，同时也有必要以坚决的战斗来彻底消灭梁漱溟一流封建复古主义思想的残余。"③

（二）深化了对马克思主义内涵、内容结构、方法的认识

艾思奇在延安时期所写的《论中国的特殊性》中说明了马克思主义的三层内涵："首先，马克思主义是科学的理论，特别是关于社会发展和社会变革的科学理论。其次，马克思主义又是科学的方法，是客观地具体研究问题的引导。第三，马克思主义是无产阶级的革命行动的指南，是无产阶级斗争的理论和策略。"④ 并认为马克思主义之所以科学，是因为"马克思主义精确地揭发了人类社会发展的规律，就像自然科学揭发了自然世界的发展规律一样"。⑤ 同样的问题，艾思奇到了北京时期有了更深入的认识，他在《讲课提纲》中指出马克思主义"最全面最正确地反映了自然界和社会的客观发展规律的具有最高度的科学性的意识形态"⑥，从之前只涉

---

① 卢国英：《智慧之路：一代哲人艾思奇》，人民出版社 2006 年版，第 723 页。

② 《艾思奇全书》第 6 卷，人民出版社 2006 年版，第 22 页。

③ 同上书，第 80 页。

④ 《艾思奇全书》第 2 卷，人民出版社 2006 年版，第 775—778 页。

⑤ 同上书，第 775 页。

⑥ 《艾思奇全书》第 6 卷，人民出版社 2006 年版，第 737 页。

及社会规律并与自然界规律完全分开，到全面概括为自然与社会两大领域的规律，这表明它对马克思主义的内涵认识深化了。

艾思奇对于马克思主义的内容结构的认识，也有一个不断深化的过程。延安时期，艾思奇曾在《怎样研究辩证法唯物论》、《论中国的特殊性》中相继强调了马克思主义整体性，指明了马克思主义是由辩证法唯物论、马克思主义经济学说、社会主义以及革命的战略战术等内容组成的统一整体。此时，艾思奇既强调了马克思主义的三大组成部分，也突出了延安地区的革命特色，强调了革命战略战术这一重要内容，具有鲜明的马克思主义中国化特色。北京时期，艾思奇深化了对马克思主义的内容认识。他在《讲课提纲》中不仅对马克思主义的内容进行了清晰的阐述，指明了全部马克思主义主要包括哲学（辩证唯物主义和历史唯物主义）、政治经济学、科学的社会主义学说这三大组成部分，而且，他还分析了它们之间的逻辑关联与理论来源。

关于马克思主义的方法，一直是艾思奇关注的重要问题。从上海时期艾思奇出版《思想方法论》（1936 年 8 月）到延安时期出版《马恩列斯思想方法论》（1942 年），艾思奇对马克思主义的方法论研究已经十分系统、成熟。因而，艾思奇在北京时期没有出版这方面的著作，但他在很多部著作中都谈及马克思主义的方法，十分强调在解决具体问题中来灵活运用马克思主义的方法。譬如，他在《反对经验主义》、《讲课提纲》中多次谈到具体问题具体分析。他强调："具体地分析研究具体问题，这是马克思列宁主义的灵魂，这是正确执行中央路线政策的关键，这是我们全党干部在每天工作中不可以片刻离开的武器。"[1] 艾思奇又在《辩证法引言》中结合新中国成立后主观主义的表现新形式，对理论联系实际，谈了自己的新认识："关于联系实际的问题，要注意中国过去的主观主义主要表现是教条主义和经验主义。今天我们建设新中国，主观主义比较大量的主要的表现是保守主义和急躁冒进。这两种主观主义是新中国建设事业里的两种主要形式，今天的建设不管乡村城市，工农业都有这样的情形。"[2] 还在《关于思想方法、工作方法的问题》中针对"大跃进"时期过分夸大主观能动性的实际，强调了要坚持实事求是的思想和工作方法，如他在文中所说："对于工作中间的问题，还要有科学

---

① 《艾思奇文集》第 1 卷，人民出版社 1981 年版，第 717 页。
② 《艾思奇全书》第 5 卷，人民出版社 2006 年版，第 244 页。

分析的精神，要实事求是地分析。"① 从艾思奇在上海时期和延安时期出版思想方法论的著作，到北京时期结合现实问题来加强具体方法的运用，显然已深化了一步。

（三）　深化了对毛泽东思想的研究与宣传

早在延安时期，艾思奇就号召大家要认真研读毛泽东同志的《论持久战》、《论新阶段》、《新民主主义论》等著作。他认为："毛泽东同志的《论持久战》、《论新阶段》、《新民主主义论》以及毛泽东同志及朱德同志的关于游击战争问题的著作，就是马克思主义中国化和辩证法唯物论应用的最大的历史收获。"②

艾思奇在北京时期更加重视对毛泽东思想的研究和宣传。他在 20 世纪五六十年代，积极推动了全国范围内掀起的三次学习毛泽东思想的热潮：一是新中国成立初期《实践论》、《矛盾论》的重新发表而兴起的学习热潮。自毛泽东在延安时期写作的《实践论》、《矛盾论》这两篇重要著作分别于 1950 年 12 月和 1952 年 4 月重新发表后，艾思奇强调要加强对"两论"的深入学习。他认为："《实践论》与《矛盾论》这两篇著作是我们党领导新民主主义革命 16 年（从党的成立到 1937 年）的实际斗争的历史实践经验和认识经验的总结。"③ "《实践论》、《矛盾论》可以说是马克思主义哲学的发展。通过中国两次国内革命战争经验的总结，使自己丰富起来，使哲学丰富起来，这两篇著作不像教条主义者那样简单地重复马克思、恩格斯书本上的语句，而是把马克思、列宁，甚至斯大林时期哲学发展成果，这一普遍真理结合到中国实践经验上来，进一步发展了马克思主义哲学。"④ 为此，艾思奇从学习方法、哲学史、真理问题、辩证法等多个角度对"两论"进行了研究，譬如《关于〈实践论〉和学习方法的一些问题》、《〈实践论〉与关于哲学史的研究》、《毛泽东同志发展了真理论》、《学习〈矛盾论〉，学习具体分析事物的科学方法》、《从〈矛盾论〉看辩证法的理解和运用》等，而且他向高校知识分子、各机关干部、群众、他国领导人等不同对象宣讲毛泽东的《矛盾论》、《实践论》。

---

① 卢国英：《智慧之路：一代哲人艾思奇》，人民出版社 2006 年版，第 577 页。

② 《艾思奇全书》第 3 卷，人民出版社 2006 年版，第 251 页。

③ 《艾思奇全书》第 8 卷，人民出版社 2006 年版，第 613 页。

④ 同上书，第 514 页。

二是1958—1960年上半年的"大跃进"期间的工农兵学习热潮。为了配合这次学习运动，艾思奇在下放河南登封挂职锻炼时写了《学习哲学的群众运动》、《认识客观规律，鼓足革命干劲》、《无限和有限的辩证法》三篇文章。他阐明了学习马克思主义要与实际生活相联系的道理："无非就是用他们自己的实际生活材料，来启发他们学习那些本来存在于自己实际生活中的根本道理。"① 并指明了这种结合的具体举措，譬如，"工农可以在处理人际关系中加强对毛泽东的《正处》的运用"、"工农干部可以在改变工作中容易犯的急躁情绪和强迫命令等工作作风中加强对实事求是、调查研究、群众路线等原则的应用、工农可以在生产劳动、日常生活、思想斗争中加强对具体矛盾具体分析的运用。"② 显然，艾思奇将马列主义和毛泽东思想的基本原理生活化了，大大促进了马列主义和毛泽东思想在工农干部和群众中的传播。接着，艾思奇在《认识客观规律，鼓足革命干劲》、《无限和有限的辩证法》中，既肯定了毛泽东在中共八大会上作的"鼓足干劲，力争上游，多快好省地建设社会主义"③ 总路线的积极意义，也含蓄地指出了它在应用中存在的忽视客观规律的不足，如艾思奇所说："反对右倾保守主义，坚持'鼓足干劲，力争上游'的方针……并不等于不需要认识客观规律，不需要重视物质条件的作用。"④ 并针对运动中出现的以高指标、瞎指挥、浮夸风和"共产风"等严重错误，艾思奇指明了"把有限和无限的对立统一规律应用到我们的生产和一切社会主义建设工作中。一方面要有藐视一切困难的冲天干劲，一方面又要有实事求是地根据客观现实可能性来正确地规定工作任务，正确地组织和应用人民力量的科学精神。"⑤

三是20世纪60年代全国干部学习毛泽东著作的热潮。伴随着1957年毛泽东的《关于正确处理人民内部矛盾的问题》的问世，20世纪60年代整个中国又掀起了一股学习毛泽东"三论"〔即《实践论》、《矛盾论》、《关于正确处理人民内部矛盾的问题》（以下简称《正处》）〕的热潮。中共中央党校举办了三届马克思主义理论培训班，分"59班、60班、61班"（按入学年

---

① 《艾思奇全书》第7卷，人民出版社2006年版，第181页。
② 同上书，第182—183页。
③ 《建国以来重要文献选编》第15册，中央文献出版社1997年版，第264页。
④ 《艾思奇全书》第7卷，人民出版社2006年版，第190页。
⑤ 同上书，第195页。

份取名，总称为"秀才班"），对全国选拔出来的具有较高文化水平和一定理论基础的党员进行系统的培训。艾思奇在 1959 年秋—1964 年间，除了撰文外，更多地以讲课的形式，给党员干部们学习毛泽东思想以指导。

首先，艾思奇高度重视对毛泽东思想的研究和宣传，他在《党史引言报告》和《在"61 班"开学典礼上的讲话》中分别提出了"学习党史的中心任务就是学习毛泽东思想"① 的党史教学思路和"教学课程的次序上要首先把党史摆在前面学习"② 的课程调整思路。艾思奇认为："首先是把党史摆在前面来学习。这样学有一个好处，因为通过党史的学习，我们可以把毛主席的著作从头到尾学一遍……掌握了毛泽东思想以后，我们再进一步地学习其他课程，可能会有更大的好处。"③ 艾思奇以党在民主革命时期、社会主义革命时期、社会主义建设时期的历史经验为例，强调了学习毛泽东思想这个中心任务的重要性。如他所说："四十年代党的整个历史很清楚地说明了毛泽东思想的意义和作用，离开了毛泽东思想的指导，我们党就要犯错误，革命就遭受失败；党如果是在毛泽东思想指导下来进行工作，革命事业就会得到发展和胜利。把整个历史回想一下，就能很清楚地看出这一点。所以我们把学习毛泽东思想作为学习党史的中心任务，是不应该有任何怀疑的。"④ 针对一些同志、一些地方对以毛泽东思想为指导存在不了解或了解得不够好甚至变成了空话，当作标签到处乱贴的情况，他说："所谓毛泽东思想，就是马克思列宁主义的普遍真理与中国革命和社会主义建设的具体实践的结合，是马克思列宁主义创造性的运用和发展。"⑤ 显然，艾思奇在对毛泽东思想的内涵界定中，已经与时俱进地看到了增添的"社会主义建设"这一新内容，较以前对毛泽东思想的认识前进了一步。

其次，艾思奇在培训过程中，无论是为学员答疑解惑还是指导学员学习，始终围绕毛泽东的"三论"深入学习。这并不是说艾思奇不注重对其他著作的学习。他曾说过："学习毛主席的哲学著作，不注意联系到整个毛主席的其他著作，那么就没有办法学得好，没有办法理解。"⑥ 他重点论

① 《艾思奇全书》第 7 卷，人民出版社 2006 年版，第 323 页。

② 同上。

③ 同上书，第 491 页。

④ 同上书，第 323 页。

⑤ 同上书，第 492 页。

⑥ 《艾思奇全书》第 8 卷，人民出版社 2006 年版，第 612 页。

述了《实践论》、《矛盾论》、《正处》对认识论、辩证法对立统一学说、辩证法矛盾学说的发展，细化了对毛泽东的"三论"的认识：（1）艾思奇认为毛泽东对马克思主义哲学所囊括的唯物论、辩证法、历史唯物主义三个部分都有贡献，他在《谈谈毛泽东对马克思主义哲学的主要发展》中说道："毛主席对马克思主义哲学的发展是全面的。所谓全面的发展，就是马克思主义哲学最主要的东西都有发展，这里就包括唯物主义、辩证法、历史唯物主义。"① "唯物主义部分的贡献，是正确的认识从何而来；辩证法部分的贡献，是分析矛盾、解决矛盾的方法，普遍性和特殊性；历史唯物主义部分的贡献，是发展社会基本矛盾的思想，社会主义社会有人的矛盾和阶级斗争的思想。"并在给"秀才班"哲学班布置学习毛泽东哲学思想的教学计划时，艾思奇明确指出了《实践论》、《矛盾论》、《正处》这"三论"正是毛泽东对马克思主义哲学作出辩证唯物主义认识论、辩证法、历史唯物主义这三方面发展的代表作。（2）艾思奇在《略谈毛泽东的〈人的正确思想是从哪里来的？〉一文对认识论学说的新发展》中指明了毛主席的《实践论》对马克思主义的认识论实现了三点创新和发展，一是毛泽东对实践内容做了具体界定："实践主要是三个：生产斗争、阶级斗争、科学实验。"并认为这种具体界定是对马克思主义的发展。如他所说："毛主席在认识论问题上，具体分析了什么是我们认识的实践基础，在这个问题上有了新的发展，这就是说把以前马克思、恩格斯、列宁、斯大林比较原则提到的东西，做了具体的深入的分析，这就是发展了。"② "这是一个重要的新发展，使我们知道要找正确思想从哪里去找，使我们马克思主义者在做工作中间，在思考问题的时候，更有了底，现在我们更清楚了。"③二是毛泽东在《实践论》中提出了一个形成正确认识的公式——实践、认识、再实践、再认识，这种形式，循环往复以至无穷。这种循环每重复一次，人的思想就进到一个更高的阶段。艾思奇不仅认为这个公式是一个新的东西，是一种发展。如他所说："这是毛主席的发展，这种思想在马克思、恩格斯、列宁、斯大林的思想中，实际上已经有了，但毛主席具体加以发挥，加以分析了。"④ 而且联系社会主义革命和建设的实际谈道："社

---

① 《艾思奇全书》第 8 卷，人民出版社 2006 年版，第 129 页。

② 同上书，第 132 页。

③ 同上书，第 131 页。

④ 同上书，第 135 页。

会主义革命，社会主义建设事业也还是有这么一个阶段：由自发到自觉的过程……更应当注意遵循辩证唯物主义的认识路线，更要小心注意到生产中间、阶级斗争中间去求得正确思想。"① 三是毛主席提出了把正确认识交给广大群众的问题。即"把理论掌握群众改为'代表先进阶级的正确思想，一旦被群众掌握，就会变成改造社会，改造世界的物质力量'"②，进一步指明了如何使群众掌握认识论从而形成正确认识的方法——"对基层干部、对群众主要的办法是靠我们自己到生产斗争、阶级斗争中去，运用科学实验的办法，带着群众一起在行动上运用认识论，通过行动，通过实践使群众了解认识论。"③ （3）艾思奇从辩证法方面深化了对毛泽东的《矛盾论》和《关于正确处理人民内部矛盾的问题》的认识。艾思奇认为毛泽东在继承列宁明确提出的"对立统一规律是辩证法核心"④ 的基础上，进一步说明和发挥了对立统一规律的各个问题，完成了列宁没有完成的任务。正如艾思奇在《论对立统一规律是辩证法的核心》一文中说道："毛泽东继承了列宁的思想，写了一部《矛盾论》，系统地深刻地阐明了对立统一规律的各个问题，阐明了矛盾的普遍性和特殊性问题，阐明了主要矛盾和矛盾的主要方面的问题，阐明矛盾的统一性和斗争性问题，阐明了对抗矛盾和非对抗矛盾的问题，等等，从而出色地实现了列宁的遗愿，完成了'说明和发挥'对立统一规律是辩证法核心的思想。以后，毛泽东又在《关于正确处理人民内部矛盾的问题》一书中，对马克思列宁主义的辩证法矛盾学说，作了进一步的说明和发挥，进一步发挥了对立统一规律是辩证法核心的思想。"⑤

　　再次，就艾思奇指导党史、哲学等不同专业学员进行"三论"学习而言，他主要是结合不同专业，来突出学习"三论"的不同视角。党史专业学员应按照中共党史与国际共产主义运动史的顺序来学习。艾思奇强调一方面应从中共党史角度研究"三论"，他认为"毛主席的著作都是中国革命实践经验的总结，都是用马克思列宁主义的世界观对中国革命实践经验加以总结的产物"。所以"应该基本上分两段，一段是《实践论》、《矛盾

① 《艾思奇全书》第 8 卷，人民出版社 2006 年版，第 135—136 页。

② 同上书，第 138 页。

③ 同上书，第 139 页。

④ 同上书，第 326 页。

⑤ 同上书，第 181 页。

论》，一段是《关于正确处理人民内部矛盾的问题》。因为《实践论》、《矛盾论》是毛主席在新民主主义革命阶段，对我们的实践经验、认识经验第一次完整的总结。《关于正确处理人民内部矛盾的问题》是我们的革命进入社会主义阶段，毛主席用马克思主义的世界观对我们社会主义革命、社会主义建设的实践经验、认识经验加以总结的结果"①，同时，艾思奇也十分强调从国际共产主义运动史研究毛主席的思想。他认为："毛主席的著作主要是中国革命的经验，但是在某种意义上讲，也是国际共产主义运动经验的总结。如果我们离开国际共产主义运动的经验，来看任何一个时期毛主席的著作，都不能得到完全的了解。"②并以"三论"为例，说明了它们也是吸收国际共产主义运动经验的产物。如艾思奇在《世界观问题》中所说："我们读《实践论》和《矛盾论》著作时，可以注意一下内容，里面对列宁著作引用得比较多，比对马克思、恩格斯的著作引用得更多一些。《实践论》和《矛盾论》是直接地继承了列宁的思想，又加以发展的。这跟苏联第二次大论战有联系。《实践论》和《矛盾论》里所讲的内容，不是中国一国孤立的现象，而是对全世界国际共产主义运动第二次大论战的一个发展，是第二次大论战哲学成果在中国的发展。"③"《正处》是我们的革命进入社会主义阶段，毛主席用马克思主义的世界观对我们社会主义革命、社会主义建设的实践经验、认识经验加以总结的结果……而在社会主义革命、社会主义建设过程中，就更多地涉及到国际共产主义运动的经验。"④另一方面，艾思奇也认为学员们应该从哲学的角度充分认识到毛主席的著作是联系实际的活的哲学。艾思奇强调："毛主席仍然很着重活的哲学，活的哲学也就是跟实际直接联系的哲学思想。现在我们许多工人、农民、战士学习毛泽东著作学得很好。廖初江、丰福生就是掌握了活的哲学，把哲学和实际工作直接联系起来了。这是毛主席创造的一个新的传统，就是一般地不经过理论斗争的环节就直接在实际工作里处理哲学问题。"⑤

由上可见，艾思奇主要是从马克思主义哲学、中共党史、国际共产主

---

① 《艾思奇全书》第8卷，人民出版社2006年版，第613页。
② 同上书，第612页。
③ 同上书，第620页。
④ 同上书，第611—613页。
⑤ 同上书，第622页。

义运动史三方面进一步深化了他对毛泽东的"三论"的认识。"秀才班"开办完毕后，艾思奇又于1964—1965年间，被邀请到中国文联、解放军总参谋部、高等军事学院等校外的单位作过《学习〈实践论〉辅导报告》和《学习〈矛盾论〉辅导报告》，艾思奇又从军事、文艺方面进一步深化了对《实践论》、《矛盾论》的研究和宣传。这些都是对他50年代研究和宣传毛泽东"三论"成果的进一步深化。

20世纪60年代掀起的这场全国范围内干部学习毛泽东著作的热潮，使得干部们集中学习了毛泽东的近三十篇文章，尤其是艾思奇指导学员集中学习了"三论"，从具体内容到联系实际、从基本原理到创新发展、从中共党史到国际共产主义运动史等多方面的认识视角，大大推动了毛泽东思想作为马克思主义创新成果在全国范围内的普及。当然，艾思奇也认为马克思主义理论是需要时代化，他在1965年底同日本哲学家船山信一的谈话中就毫不讳言："作为专业的研究人员来看，我们大家都拥护马克思主义，马克思主义本身正在发展，不是到了顶点。毛泽东思想也在不断发展。"①

小结：北京时期，艾思奇对"什么是马克思主义，怎样对待马克思主义"的问题有了更深入的理解和认识。在"什么是马克思主义"的问题上，艾思奇不仅从马克思主义的内涵、内容结构、方法论等学理层面，较前两个时期有了进一步的扩展和深入，而且在实践过程中，艾思奇始终坚持将马克思主义用作能说明和解决实际问题的世界观和方法论，他以实际行动反复证明了马克思主义从来不是教条，而是推动实践的学问，这无疑是对"什么是马克思主义"上升了更高一层的认识。在"怎样对待马克思主义"的问题上，艾思奇在北京时期，绝大部分精力都用在了马克思主义理论教育活动、深入研究和宣传毛泽东思想这两大方面，这使他学习与运用马克思主义的水平获得了极大提高，与前两个时期相比，他不仅在文本方面，对马克思主义理论和其创新成果毛泽东思想已经达到相当熟悉的地步，而且在运用方面，也能够结合新中国成立后的社会主义革命和社会主义建设中的实际，更加娴熟自如地运用马克思主义的立场、观点和方法，与时俱进地说明和指导他在理论研究与工作实践中遇到的各种问题，这无疑体现了他的马克思主义时代化思想。尤其是他在20世纪五六十年代分别主编出版的《讲课提纲》和《辩证唯物主义和历史唯物主义》这两本

---

① 《艾思奇全书》第8卷，人民出版社2006年版，第885页。

具有鲜明中国特色的书籍，成为他深化马克思主义中国化、现实化、大众化的精品和典范，也是他在新中国成立后结合中国需要来发展马克思主义的成功尝试。在捍卫马克思主义方面，艾思奇始终坚持用马克思主义的观点与胡适的实用主义、梁漱溟的哲学思想等反马克思主义言论作斗争，为中国的社会主义建设事业扫清思想上的障碍。当然，不得不提的是，艾思奇在北京时期，曾遭受过陈伯达、康生等人的恶意攻击和阴谋陷害，其工作和生活也因此屡遭磨砺，但他始终坚持在磨砺中奋起，表现出了坚强的意志，他不愧是党的理论战线勇敢的战士，在战胜各种考验中深化着他对马克思主义的坚定信仰。

第二章　艾思奇探索马克思主义大众化的开端

马克思主义传入中国以及马克思主义最初在中国产生大众化运动的萌芽，都是从20世纪早期开始的，准确地说，是在十月革命以后。因而，本文界定的20世纪早期是参考了艾思奇对马克思主义大众化的探索时间，特指1917年俄国十月革命胜利到20世纪30年代初艾思奇抵达上海的这段时期。而艾思奇于1932年抵达上海一直到1936年他离开上海的这段时间，被学术界普遍冠名为"上海时期"，则是马克思主义大众化运动在中国掀起较大浪潮的时期。无论是艾思奇的头脑中酝酿着马克思主义大众化的思想萌芽，还是上海时期以《大众哲学》开启马克思主义大众化先河，都可以算作艾思奇对马克思主义大众化进行探索的开端。而这种探索的发起，并不是偶然的，是受时代背景、思想传播状况、理论诉求、学界反思等多方面因素综合作用的结果。

一　20世纪早期马克思主义大众化运动兴起的原因

20世纪早期马克思主义大众化运动的兴起，既是应时代呼唤而出的产物，也是弥补马克思主义在中国传播过程中的诸多不足，让马克思主义为大众所熟悉以及响应理论界掀起的大众化认识浪潮的需要。

（一）时代背景：五四运动拉开了马克思主义大众化的序幕

十月革命的一声炮响，为中国人民送来了马克思主义。尽管十月革命之前，有关马克思主义的介绍已出现在《万国公报》、《新民丛报》、《民报》等报刊和《近世社会主义》杂志上，但都很零碎不构成气候，也常常被人曲解。十月革命的成功实践，马克思主义的著作日渐传入中国，开始为中国先进的知识分子所知晓。李大钊、陈独秀、毛泽东、瞿秋白、李达等人开始接触和学习马克思主义，成为中国最早的马克思主义者。正如毛泽东曾在《论人民民主专政》一文中说："在十月革命以前，中国人不但不知道列宁、斯大林，也不知道马克思、恩格斯。"① 而五四运动后，这样的状况得以根本扭转，中国人民开始进入思想启蒙自觉反思的阶段，众多热血青年、爱国人士和知识分子，都开始自觉地学习马克思主义，许多马克思主义中译本，譬如《共产党宣言》、《社会主义从空想到科学的发展》、《国家与革命》等中译本也相继出版，进入人们的视野。尤其是1919 年 9 月，李大钊在《新青年》"马克思主义研究"专号上发表《我的马克思主义观》一文，标志着马克思主义在中国进入比较系统、比较全面的介绍与传播阶段。在这前后，中国先进的知识分子也曾围绕胡适的《多研究些问题，少谈些主义》一文，拉开了"问题"与"主义"的论争，扩大了马克思主义在初入中国后在整个社会中的影响力。伴随着李大钊在北京发起并建立当时中国最早的一个学习和研究马克思的团体（马克思主义学说研究会），全国各地的进步社团和进步报刊如雨后春笋般相继脱颖而出。这些报刊和社团的活动，在全国范围内，传播了马克思主义，促进了马克思主义与中国工人运动的结合。艾思奇也是在 1925 年进入云南一中后，有机会阅读了这些介绍马克思主义与革命思想的进步刊物，初识了马克思主义，接触了社团里的进步人士。在进入社团之后，受共产国际的指导，上海、北京、武汉、长沙、广州等地还相继建立了共产主义小组，从此，马克思主义的传播开始有组织地在全国各地开展起来。1921 年 7月，中国共产党的成立，将马克思主义作为指导思想，直接领导、组织、宣传工人、农民、知识分子等参加革命，使得马克思主义逐渐为无产阶级和广大人民群众所了解，但要让他们掌握与运用马克思主义这一强大武器来指导生活，指导现实革命，恐怕要让马克思主义理论尽可能地通俗易懂、贴近生活，才能实现。因此，马克思主义大众化就这样应运而生了。

（二）思想传播：马克思主义在中国的早期传播存在局限性

　　由于 20 世纪早期的时代环境、现实状况以及这一时期的马克思主义者们的理论修养等方面存在条件限制，马克思主义在这一时期的传播工作还有着明显不足：（1）这一时期介绍到中国来的资料还很少，很多都是经过日文、俄文翻译后的二手材料，往往有很多不准确之处。（2）这一时期

---

① 《毛泽东选集》第 4 卷，人民出版社 1991 年版，第 1470 页。

对马克思主义的宣传和介绍还仅限于对马克思主义概念、范畴、基本原理等的解释和阐发，限于结论性的介绍，对马克思主义的完整理论体系不能准确地认识和把握。（3）这一时期的马克思主义的传播范围主要局限于革命的知识分子和领导阶层中，还没有普及到广大人民群众中去。

（三）双重诉求：理论掌握群众与群众需求理论

马克思主义理论一经群众掌握，就会变成巨大的物质力量。但马克思主义在当时的中国还只为一部分中国人所了解，对于当时文化水准较低的大多数人来说，理解比较深奥的马克思主义理论是有一定难度的。因而，马克思主义只有变得通俗、易懂、具体，才能为知识青年和最广大人民群众所理解和掌握，才能真正转化为人民大众变革旧世界创造新世界的强大武器，发挥它作为科学理论的巨大能量。也就是说，马克思主义走上大众化之路，是马克思主义理论掌握群众的必然需求与选择。同时，20世纪初，群众对命运解救的渴望，对知识的需求已处于十分急迫的程度。如艾思奇所说："多少人都在闹着知识的饥荒，多少人都在切望着'认识的苹果'，但饿坏了的肚肠是不宜于暴饮暴食的。科学知识如果不经过一定的烹调，使得适合他们的胃口，就没有人吃得下去。通俗文是能适合这种需要的。大众自己看得明白，他们也接受了。"① 可见，群众也强烈需要科学理论的指导，而马克思主义不仅能给群众以事业和生活方面的正确指导，而且能指引民族解放、人类解放之路，解决民众普遍关注的人生命运、国家前途问题。因而，让马克思主义理论变得通俗易懂，从某种程度上说，是马克思主义理论工作者适应群众实际需要的结果。群众需要科学理论的正确指导，马克思主义也需要群众来学习运用，充实发展。马克思主义理论大众化，由深奥到通俗、由抽象到具体，由少数人掌握到多数人掌握，是马克思主义理论本身与群众之间的双重诉求。

（四）命题反思：马克思主义理论界对大众化的回应

20世纪早期的中国，掀起了一股大众化潮流。最早提出"大众化"口号是在文艺领域，是由中国左翼作家联盟（以下简称"左联"）成员林伯修于1929年从文学的角度提出的。"使大众理解，是普罗文学的实践性

---

① 《艾思奇全书》第1卷，人民出版社2006年版，第363页。

的必然的要求，也是普罗文学的大众化问题的理论的根据……如若不能达到使大众理解的程度——大众化，它便不能得到大众的爱护。"[1]　"左联"几乎与"社联"同时成立，是中共将上海的左翼作家团结起来创建的组织。"左联"开辟通信栏、创作通俗歌曲、编写方言剧，提倡文学艺术要到兵间去、到民间去到工厂间去，向工农大众宣传无产阶级革命的意识。曾围绕"文学大众化"这一主题，在 1930 年至 1934 年间展开过三次大规模的讨论，涉及到了大众化的语言、体裁、内容、形式等较深层次的问题。继"文艺大众化"、"社会科学大众化"、"自然科学大众化"之后，又引发了艾思奇、陈唯实、胡绳等人对马克思主义大众化的思考，他们首先从马克思主义的哲学领域进行了反思：既然文艺、社会科学、自然科学都可以大众化，那么哲学是否也可以走向大众化？这一命题的反思，直接促使着马克思主义工作者向着这一方向做出尝试，艾思奇在 1934 年 5 月 6日发表的《连环图画还大有可为》一文中提出："若能够触到大众真正的切身问题，那恐怕愈是新的，才愈能流行。"[2]　艾思奇认为只有马克思主义才能为大众提供科学的世界观和方法论，引导他们批判旧世界、创造新世界。这种思想大大推动了马克思主义的宣传和普及，最终涌现出了艾思奇、柳湜、吴黎平等一大批马克思主义通俗化和大众化的典范，其中艾思奇是做得最成功，影响力最大的马克思主义大众化先驱人物。

二　上海时期艾思奇探索马克思主义大众化的历程

（一）初到上海时的论文《抽象作用与辩证法》备受关注

艾思奇自昆明犯病康复后，再度返回日本留学。但不到两年时间，1931 年日本侵占中国东北，因"九·一八"事变，艾思奇再次毅然选择弃学回国。回国后不久，便于 1932 年初来到上海，在上海艾思奇积极参加左翼作家联盟活动，并在《正路》创刊号上发表了《抽象作用与辩证法》一文。曾有中国学者郑易里这样评价这篇文章："它是艾思奇一生致力于唯物论辩证法大众化事业的开端。"[3]　也有美国学者弗格尔这样说道：

---

① 林伯修：《1929 年急待解决的几个关于文艺的问题》，《海风周报》1929 年第 12 期，第 5 页。

② 《艾思奇全书》第 1 卷，人民出版社 2006 年版，第 136 页。

③ 郑易里：《一个哲学家的道路》，云南人民出版社 1987 年版，第 26 页。

"这篇文章表现出，他已经掌握了谈话式的白话文体以解释复杂的哲学问题。"①

（二）进入"社联"后主要从事社会科学的大众化工作

艾思奇因其第一篇系统论文《抽象作用与辩证法》而受到社联的领导人许涤新和上海左翼文化运动领导人杜国庠的高度称赞，并于1933年夏，成为社联的成员。社联在组织工作上面向大众，专门设立了工农教育委员会和工人读书班，在群众中普及马克思主义，进行社会科学的通俗化与大众化的工作。虽然艾思奇在社联担任研究部长期间，主要集中阐发了辩证唯物论和批判了叶青哲学等伪马克思主义哲学，还没有形成大众化的作品，但社联的这一工作方向无疑对艾思奇是有积极影响的。

（三）利用《申报》"读书问答栏"着力解答群众困惑

1934年6月，艾思奇进入了《申报》流通图书馆读书指导部工作，真正开始了他直接运用马克思主义立场、观点和方法来为群众服务的经历。在《申报》，艾思奇可以通过读书指导部来指导读者正确选择读物，还可以通过指导部设立的阅览室，专门展出进步报刊、书籍，供读者阅览，以及通过出版读书壁报，与读者相互交流学习心得。当时到这里来读书或借阅书报的大多是十里洋场的店员、小职员、失学青年、失业工人，这奠定了艾思奇广泛的群众基础。艾思奇负责《申报》"读书问答"栏，这就使他接触到了广大读者提出的社会现实、人生哲学等许多问题，其中不少是关于马克思主义中的问题，艾思奇每天要阅读和回答许多读者来信中的疑难问题，对于其中反映比较普遍的问题，就会贴于"读书问答栏"。艾思奇通过这个实践平台，为广大群众提供了了解和学习马列主义与中国革命思想的一片园地。

（四）出版《大众哲学》等通俗读物并普及科学知识

1934年11月，由于读书指导部的影响日益扩大，"读书问答栏"停刊，另创《读书生活》杂志，这个刊物，以通俗活泼，紧密联系实际见称于世。当时与邹韬奋主编的《大众生活》等兄弟刊物一起，成为大众化、

---

① Joshua Fogel, *Ai Siqi's China Marxism Development Contribution*, Harvard University Press, 1987: 21.

通俗化的一支突击队。艾思奇担任《读书生活》杂志编辑期间，他在《读书生活》这本半月刊物上每期写一篇，自 1934 年 11 月至 1935 年 11 月，一年里连续刊登 24 篇。先以《哲学讲话》为名，1936 年出第四版时更名为《大众哲学》，它以通俗的形式介绍和阐述了马克思主义哲学的基本原理，受到广大群众特别是青年的热烈欢迎，以至于一版再版，畅销不衰；从 1936 年初《大众哲学》问世，到 1949 年新中国成立前，共印制 32 版，发行两百多万册，成为当时最畅销的书籍，一批又一批的进步青年在它的启发下走上了革命的道路。

在创作《大众哲学》前后，艾思奇沿着大众化的基本思路，又于 1936 年 8 月至 1937 年 4 月间相继出版了《如何研究哲学》、《思想方法论》、《哲学与生活》等一批大众形态的马克思主义哲学著作，继续在马克思主义哲学大众化领域里探索前进。在这些著作中艾思奇把自己的哲学研究和民族的存亡，和大众的疾苦紧密相连。其中，他的《如何研究哲学》一书，是一本专为大众叩开哲学神秘之门的"工具书"。《思想方法论》虽系统地论述了新唯物论、本体论、认识论、辩证法各部分与思想方法论的关系，但这本书并不深奥，反而易懂，不怎么枯燥，与当前的实践有着高度的统一。《哲学与生活》是自 1933 年至 1936 年底在《读书生活》上解答读者问题的汇集，是艾思奇以答读者问的形式发表的一系列富有唯物主义战斗精神的文章，因而阅读起来思路清晰，非常易于接受。艾思奇即使在阐述世界观、认识论、形式逻辑和辩证逻辑、相对和绝对、内因和外因，宗教观、人生观、恋爱观以及真理观等很多问题时，也能紧密结合中国实际，把理论问题与人们的日常生活相关的问题密切联系，并以十分通俗的语句揭露唯心主义、假马克思主义的歪曲和诬蔑，捍卫唯物辩证法，它对帮助广大人民群众学习、掌握和运用马克思主义哲学来认识中国革命有重要意义。

此外，艾思奇还应人民大众对自然科学之需，努力进行科学普及的工作。继 1934 年 8 月的《月蚀》之后，同年 10 月艾思奇又写了《神话化了的自然科学》、《谈佛》、《谈死光》、《谈毒瓦斯》、《谈潜水艇》、《孔子也莫名其妙的事》、《由蝗虫谈到鸡生蛋的问题》、《中风症与黄河》、《斑马》等等，多数发表在《读书生活》半月刊上。艾思奇的科普作品，文笔生动，妙趣横生，不仅普及了科学知识，而且同他的哲学文章一样具有很强的杀伤力。"艾思奇是一个无产阶级的革命战士，他在向人民大众普及自然科学知识，消除人民中的迷信、愚昧、落后的现象时，始终注意将自然科学和社会科学联结起来，揭露恶劣的旧社会制度，揭示战争的根本原因，以提高人民群众的政治觉悟，动员人民投身到革命的洪流中去。"①

三　上海时期艾思奇探索马克思主义大众化的主要功绩

（一）成为了马克思主义大众化的先驱人物

艾思奇在上海期间以其哲学大众化的骄人成就，成为马克思主义大众化的杰出代表。尤其是《大众哲学》的面世，自 1936 年 1 月首次出版，到 1948 年 12 月，仅仅十余年间，竟印行 32 次之多，发行上百万册，在当时产生了难以估量的读者大众化效应。事实上，我们细心研读他在这一时期的很多本著作，不难发现，他对马克思主义大众化的推动作用主要表现在三个方面：

1. 马克思主义理论内容的生活化

艾思奇探索马克思主义大众化，是围绕马克思主义三大组成部分（即马克思主义哲学、马克思主义政治经济学、科学社会主义），对其理论内容逐一进行生活化的阐释。

其一，哲学领域：打破了神秘感，道明哲学与日常生活一样平凡。

20 世纪 30 年代，理论界发起了一场哲学大众化的运动，艾思奇首先做了有效尝试，他在《哲学讲话》与《大众哲学》之绪论中相继说明了：哲学并不神秘，它和日常生活中的感想是一样得平凡。他以人们普遍认知的朋友聚会感受，即"朋友久别重逢，互相间觉得一切都改变了。"② 作为范例，进而推广到宇宙万物，通俗地阐明了一个哲学道理：宇宙万物都是变化着的。当然，朋友聚会的例子只是一个缩影，在艾思奇看来，所有哲学内容都是生活的反映。哲学要走向大众化，就"应从抽象的半空中拽下来，使它立足在现实的土地上。"③ 而现实的土地最直观的就是人们的生活。于是，艾思奇紧密结合 20 世纪 30 年代的民众所普遍存在着对黑暗社会感到痛苦不堪、希望找到光明之路这一最大的生活实际，以阐释相对与

---

① 卢国英：《智慧之路：一代哲人艾思奇》，人民出版社 2006 年版，第 90 页。
② 《艾思奇全书》第 2 卷，人民出版社 2006 年版，第 1 页。
③ 同上书，第 304 页。

绝对这对范畴为根据，道明了打破黑暗之路的方法，即"在现阶段上，用全国一致抗敌来实行民族解放运动是绝对必要的事。除了这条路以外，绝对没有第二条路可走"①。可见，艾思奇从个人小事谈到国家大事，将哲学从玄妙的殿堂真正引入到人们的实际生活，使人们知道生活中无处不蕴含着哲理，这在当时，尚属于开创性的事业。

其二，政治经济学领域：打破了深奥感，讲述政治经济学与人的生活休戚相关。

艾思奇在1936年8月发表的《如何研究哲学》一文中指出："不研究政治经济的问题，我们就无从真正了解现实世界的一切。要对于生活真实了解，就要懂得正确的社会科学……而我们所要学的社会科学的必要知识，至少包含这样的两方面：（一）社会科学的一般知识；（二）政治经济学"。② 显然，政治经济学与民众的现实生活密切相关。为了让深奥的政治经济学为大众所理解，艾思奇在其著作《有冤无处诉》、《生产力和生产关系的交互作用》、《〈政治经济学方法论〉的批评》中，都做过通俗化尝试。仅以收录于《哲学讲话》中的文章《有冤无处诉》为例，它围绕生活中存在冤屈这一普遍现象，以追问"冤是从哪里来的？"的方式引人深思，最终让大众对封建社会、资本主义社会人与人之间的生产关系有了具体认识，进而联想到分配、交换、消费等环节也会产生冤屈。从而，帮助人们对社会生产总过程形成清晰认识，最终唤醒民众打破陈腐的生产关系、建立新的生产关系的意识。可见，深奥的政治经济学也可以通过将理论生活化进而实现大众化。而这些努力，在当时的理论界也可堪称是拓荒性的工作。

其三，科学社会主义领域：打破了困顿感，结合生活中的情形谈论唯物史观。

艾思奇对于唯物史观中的基本观点：社会存在决定社会意识，经济基础决定上层建筑。也在《哲学讲话》中结合生活情形进行了探讨。譬如，艾思奇在《哲学讲话》之《有冤无处诉》中，围绕"为什么冤屈无处诉？"并以种田人纳租、老板开厂为例，阐明了法律、规矩等上层建筑完全是从经济基础上产生出来，并且和经济基础串通一气的。并明确指出"如果真要申冤，那决不是向谁诉诉就可以了事的，只有通过真正的革命

---

① 《艾思奇全书》第2卷，人民出版社2006年版，第309页。

② 同上书，第106—108页。

运动才能把陈腐的使人受冤屈的生产关系改造过来，改造社会的经济基础之后，旧的道德、法律、政治、学术之类，也要跟着重新换一套面目了。"① 之后，他又在《哲学讲话》之《除去有色眼镜》中结合当时现实生活中面对的外敌侵略这一最大的事实，指出凡是有良心的中国人，产生的抗敌救亡的观念，是外敌侵略这一社会存在决定的。并以鸡蛋孵出小鸡为例，阐明了社会的发展遵循质量互变规律，"旧社会不断地进行着渐变，到了一定的时候，在旧社会的壳子里就有新的社会成熟了，于是就突变，毁去旧的壳子，产生了新的社会。"② 也遵循否定之否定规律，"社会的发展也是这样的。我们有原始的共产经济社会在里面，财产是大家的。接着是私有经济社会来把它否定了，奴隶社会、封建社会和资本主义社会都是私有经济社会，因为财产在这里是属于一部分人的私有，而不是社会里大多数人的财产。然而将来我们又有更高的共产经济社会，就像鸡又产生了更多更好的蛋一样，这一个高级社会又来把旧社会否定了。"③ 由此可见，通常让人感到困顿的唯物史观在艾思奇的笔下，仅仅用生活中的申冤为例，以鸡蛋孵小鸡的情形作类比，就能阐释得如此清晰明了，既彰显了他的理论功底，也具有凿新意义。

2. 阐释马克思主义的写法技巧化

马克思主义大众化的性质，需要阐释马克思主义的写法必须通俗易懂。因而，艾思奇的写作技巧主要表现在体系建构、语言风格两方面：其一，体系的明朗化。为了给初学者提供便捷的学习通道，艾思奇对自己的著作要求严格，必须流畅明白。譬如，他的《大众哲学》、《思想方法论》，从体系的编排上就十分注重逻辑的承接和递进关系，按照本体论、认识论和方法论的顺序，保持了马克思主义基本理论体系的系统性、清晰性。其二，语言的通俗化。艾思奇擅长采用举例、比喻、类比等手法，将马克思主义理论融化为易懂的道理或生动的故事。譬如，在《哲学与生活》之《世界观的确立》一文中，他用尽人皆知的道理，即"穷到四季只有一套衣服，连换洗的也找不到，那哪里还可以谈清洁？穷到连肚子也吃不饱，活命还恐怕来不及，那哪里还用得谈节俭？"④ 来强调这些生活讲

---

① 《艾思奇全书》第 2 卷，人民出版社 2006 年版，第 25 页。

② 同上书，第 34—35 页。

③ 同上书，第 35—36 页。

④ 同上书，第 311 页。

究与美德必须要有物质条件为前提。在《大众哲学》中用"无风不起浪"来论述事物普遍联系的规律、用"追论雷峰塔的倒塌"来论述质与量相互转化的规律、用"岳飞是怎样死的"来论述对立统一的规律。不仅别具一格，而且易于为大众所了解和接受。他的讲话也惯用"天晓得"、"笑里藏刀"、"饱汉不知饿汉饥"等常用的口语、成语、俗语，像拉家常一样，娓娓写来，极大地吸引了读者。

3. 宣传马克思主义的形式多样化

马克思主义大众化的性质要求其表现形式必须生动活泼、多种多样。因而，艾思奇除了钻研马克思主义理论通俗化以外，还主张采用话剧、诗歌、音乐、戏剧、电影、演讲、连环图画等大众喜闻乐见的形式来表现。他相继写了《文艺的永久性与政治性》、《诗人自己的道路》、《连环图画还大有作为》等文章，主张要努力打造一批如鲁迅的政治讽刺诗《好东西歌》、《南京民谣》，瞿秋白的《东洋人出兵》、《上海打仗景致》等以无产阶级革命为主题、能触到大众真正的切身问题、具有中国气派的文艺优秀作品。

（二）解读了马克思主义大众化的内涵、目的和任务

艾思奇对马克思主义大众化的内涵有一段从软化形式到软化内容的认识过程：上海初期，他对马克思主义大众化的理解主要是如何解释马克思主义，怎样让它从语言、形式等方面通俗易懂，实际上是将马克思主义大众化与通俗化等同起来，是"介绍性质的，书本式的，通俗化性质的"[①]。随着 1935 年日本侵华的加剧，艾思奇逐渐意识到：倘若不把马克思主义理论与大众的生活、民族的文化和抗战的实际相结合，仅仅依靠形式上的大众化，是很难真正深入人心的。正如艾思奇所说，大众化"不单是要软化文体，从文体上着想，而是要软化理论，以内容接近大众为其基础。"[②] 而"软化理论的方法，是应用理论，把理论活用到大众的生活事实中去……以现在中国目前的经验来说，一般最多的需要是趣味化，日常生活化。"[③] 但这还远远不够，艾思奇指出："当民众的生活已经在敌人的威胁之下的时候，如果还有人想要讲精神文明和忍让的

---

① 《艾思奇文集》第 1 卷，人民出版社 1981 年版，第 552 页。

② 同上书，第 364 页。

③ 《艾思奇全书》第 1 卷，人民出版社 2006 年版，第 364 页。

王道，那就不会被民众所接受……在目前，我们确定自己的世界观，是要以民族的物质利益为前提，因为我们最受威胁的就是民族的物质生存。"① 可见，艾思奇主张的马克思主义大众化更多地与生活化、民族化、中国化等词语联系起来。他对马克思主义大众化的内涵领悟得更加透彻，实现了形式与内容的统一。

同时，艾思奇关于马克思主义大众化的目的和任务，也有从提高修养到改造中国的认识转变。他认为马克思主义大众化最初的目的和任务是宣传马克思主义，把理论活用到大众的生活事实中去，"使日常生活中的人们也知道注意哲学思想的修养"。② 随着革命形势的发展，特别是 1935 年华北事变后，时局剧变、国难当头，艾思奇指出马克思主义大众化的任务不仅是要提高民族意识，而且要动员全国人民参加抗战。"凡是不愿出卖民族生存权的人，都不能不把一切活动集中在这一抗争运动的推进和开展上。"③ 马克思主义大众化的目的则是让大众能运用马克思主义这一强大的理论武器，"拿它去认识世界和改变世界。"④

（三）探索了马克思主义大众化的新路径

我们围绕艾思奇在上海时期的工作经历与主要作品进行探索与思考，就可以发现艾思奇在上海时期除了深入大众宣讲马克思主义、撰写通俗式文章来解读马克思主义、与反马克思主义者展开论战等常用路径外，还探索了颇具特色的马克思主义大众化新路径：

1. "读者（大众）信箱"与"读书问答栏"

1933 年至 1936 年底，艾思奇一直通过"信箱"的形式与读者保持密切联系，从申报图书馆每日主办的"读者信箱"，到《读书生活》杂志上连续登载 24 期的"哲学通信"，再到《生活学校》杂志上每期的"大众信箱"，他通过深切关注民众所想，奠定了深厚的群众基础。同时，艾思奇在《申报》专栏（读书问答栏）中又以"答读者问"的形式指导读者学习马克思主义理论，深入浅出地为工人、失业失学青年、知识分子等解答各种疑难问题，其中，以马克思主义哲学问题居多，也

① 《艾思奇全书》第 2 卷，人民出版社 2006 年版，第 312—313 页。
② 《艾思奇文集》第 1 卷，人民出版社 1981 年版，第 387 页。
③ 《艾思奇全书》第 2 卷，人民出版社 2006 年版，第 54 页。
④ 《艾思奇全书》第 1 卷，人民出版社 2006 年版，第 591 页。

涉及政治经济学、科学社会主义等多个领域。此外，艾思奇还将读书问答栏中的问答式风格发扬光大，运用到他的《哲学与生活》、《哲学讲话》、《民族解放与哲学》等很多部著作中，构成了艾思奇写作的突出风格，也成为他从事的马克思主义理论服务于大众，以读者利益为中心的典范之举。

2. "文本框的排版" ＋ "小品文章" 与 "诊断 ＋ 处方 ＋ 药性"

艾思奇为了打造马克思主义通俗式读物，他别出心裁地设计了两种撰文模式：其一，"文本框的排版" 与 "小品文章"，这种设计体现于艾思奇的《大众哲学》、《家族》、《民族与民族斗争》等很多部著作中。每节里的相关段落会采用一个小框框的形式将马克思主义理论的具体内容进行简短的概括，以便提示读者并帮助他们理解。同时，文章体现出鲜明的小品式风格，不仅短小精悍、标题新颖、妙语连珠，而且贴近生活、事例典型、生动有趣，也能结合当时的革命现实进行针砭时弊、传达丰富的马克思主义原理。如此高明的艺术设计，理所当然会受到大众热烈的欢迎。其二，"诊断 ＋ 处方 ＋ 药性"，这一设计体现于 1935 年 7 月发表的《怎样研究自然科学》一文中。艾思奇将马克思主义的自然科学观用大众所熟悉的看病套路：诊断症候、对症开处方、说明药性，比较完备地向读者开列了通俗的自然科学书目清单，为给大众传播马克思主义自然科学知识奠定了基础。

3. "授人以鱼" 与 "授之以渔"

马克思主义大众化包含着马克思主义理论和大众化两个层面的内涵。为此，艾思奇在上海时期，一方面采取的是 "授之以鱼" 的方式，将马克思主义理论全面地介绍到中国。他不仅翻译了当时被称为马克思主义哲学"百科全书式"的著作——苏联著名哲学家米丁的《新哲学大纲》，支持郭大力、王亚南合译出版了《资本论》，而且写成《民族解放与哲学》，探讨了新哲学与中国民族解放的现实问题，践行着科学社会主义思想。另一方面，他也十分认同中国的一句古话："授人以鱼不如授之以渔"，在他看来，仅仅介绍马克思主义还很不够，还必须从方法上着手，使人们掌握学习马克思主义的方法，从而实现马克思主义大众化。为此，他不仅研究出版了《如何研究哲学》这本专为大众叩开哲学神秘之门的"工具书"，为初学者罗列了必读的通俗读物清单：马克思主义哲学、政治经济学通俗的入门书——《历史的唯物论入门》、Dikstein 著的《经济学 ABC》和

《读书生活》上的《经济讲话》等。还专门写成《思想方法论》这本"易懂，不怎么枯燥，体系相当的完整，与当前的实践有着高度的统一的小册子。"① 总结了在本体论、认识论等问题上如何简单地区分新唯物论与机械论、观念论的具体方法，以及如何采用分析与综合、归纳和演绎等方法来区分辩证法与形式论理学，等等。可以说，为马克思主义大众化事业真正做到了心思缜密，付出了不少心血。

4. "每句理论阐述都伴随着事例解释"与"事例列举的重复运用"

艾思奇在《我怎样写成〈大众哲学〉的?》一文中，曾谈到他在从事马克思主义大众化、通俗化事业中所摸索出来的两条独具个人特色的写作路径：一是每句理论阐述都伴随着事例解释；二是事例列举的重复运用。艾思奇对马克思主义大众化的路径选择是立足于初学者的实际而确立的。我们仔细品味艾思奇的《哲学讲话》、《大众哲学》、《哲学与生活》等通俗化著作，不难发现，它们均是有效运用这两种写作路径的典范，也因此受到了初学者的热烈欢迎。事实证明，艾思奇所选择的"理论阐述与事例解释相辅助"、"事例列举的重复运用"这两条新路径是完全符合大众胃口，受到他们真心推崇和喜爱的。

（四）架起了马克思主义与人民大众间的桥梁

艾思奇凭借其扎实的马克思主义理论功底、刻苦的钻研精神以及始终为大众服务的理论追求，在其年轻阶段便创作出了《大众哲学》、《思想方法论》、《哲学与生活》等传世之作，彻底改变了马克思主义常给人感到晦涩难懂、深涩玄奥的印象，使人民大众在通读这些著作时倍感轻松有趣、引人入胜。当时，很多理论工作者都不愿意或不屑于为知识饥荒的人民大众进行哲学大众化的努力时，艾思奇却克服了自己在理论上、个性上的重重难关，使马克思主义理论从抽象走向具体、由枯燥变得生动，从被少数人掌握到被大多数人掌握，架起了马克思主义与人民大众间的桥梁，为人民大众提供了思想武器和精神食粮，指导很多人走上了翻身求解放的革命道路。

---

① 《艾思奇全书》第 2 卷，人民出版社 2006 年版，第 187 页。

四　上海时期艾思奇探索马克思主义大众化的困境

（一）生活经验不够充分

艾思奇曾在《我怎样写成〈大众哲学〉的?》一文中，十分谦虚地谈到了他在上海时期进行的马克思主义大众化事业中所感受到的生活经验上的局限性。他说："写通俗文章比专门学术文章更难……我揃着这个担子是极不胜任愉快的，因为真能当这重担的人，应该对于生活有充分的经验，而我缺乏的却正是这一个东西。我的生性不大活泼，向来就是在学校生活中过去了大半的时光，生活经验尝得极少……近几年来，我也在不断地向生活学习；但我所懂得的生活究竟很少，不能够运用自如地把材料装进作品里去。这是我在写作《大众哲学》时最感困难的一点。"① 事实上，我们从艾思奇的这些写作体会中，既可以感受到艾思奇在致力于马克思主义通俗化写作中所存在的"生活经验不够充分以及对生活经验的运用尚不够自如"这一真实的局限性，也可以充分领略到艾思奇的虚怀若谷般谦虚谨慎的治学风范。上海时期的艾思奇，年龄只有二十余岁，当他写成《大众哲学》时，才仅仅24岁。这么小的年龄能创作出通俗化的惊世之作，对于艾思奇自感经验阅历还不是很丰富的个人实际来说，是十分不易的。

（二）言论环境不够自由

20世纪二三十年代，马克思主义的传播环境相对于它初入中国之时已大为改进，但仍未根本扭转，时常会受到检查委员会的言论限制。如艾思奇所言："是环境的困难，言论自由的限制。这不但是写作通俗文章感觉到，就是一切其他愿意存着良心来著作的人都很明白的……言论界还存在着检查委员会的统制。一篇文章写成之后，要经过'删去'、盖章，然后才能够和读者见面。碰着不好的时候，就根本无法出版。《大众哲学》所要讲的全是新唯物论方面的东西，这根本就已经不太妙了。如果再把说明例子举得更现实、更明了、更刺激，那么，这个发达不全的小孩也许就会根本流产。为着这样的缘故，就是有了实际生活的材料，也因为碍于环

---

① 《艾思奇全书》第1卷，人民出版社2006年版，第603页。

境，没有办法拿出来。"① 艾思奇曾以"乱岩中间的流水"来形容这种马克思主义传播中言论受限的情形，"我们当时所处的情势，就像乱岩中间的流水一样，本来应该一条直线流下去的，但中途遇到许多障碍，只能不断地溅着飞沫，打着许多弯转，然后才能够达到目的。"② 并以《大众哲学》为例，阐明了他在写作中所遇到的不能充分将现实生活的事例应用到所写的东西中去的困难，"我有时不能不把很实际的例子丢开，而用上了很不现实的例子，譬如用孙悟空的七十二变来说明本质和现象就是一个好例。这些地方，曾引起了许多人的指摘。我不怪他们，因为他们不明白我写作时的困难。"③

（三）思想观念不够自觉

马克思主义理论的大众化事业，对于 20 世纪 30 年代的理论工作者来说，都已经认识到了它的重要性，而且围绕这一主题，展开过热烈讨论，并涌现出了艾思奇的《大众哲学》、柳湜的《街头讲话》、陈唯实的姊妹篇《通俗辩证法讲话》和《通俗唯物论讲话》等一大批通俗读物。但是当时的理论界有一个共同的趋向，那就是在包括艾思奇在内的很多马克思主义理论工作者的思想深处，都普遍存在着对深化研究马克思主义理论的重视程度胜过通俗化工作的实情。如艾思奇曾说："在两三年前，在《读书生活》中《大众哲学》以及柳湜先生的《街头讲话》等没有出世以前，就很少人注意到通俗化的问题，甚至于对于通俗化的工作轻视的人也是有的。老实说，我自己就多少有点偏见，把理论的深化看得比通俗化更重要。就是到了现在，虽然读者们接受《大众哲学》的热情教训了我，使我深深地领悟到通俗化的意义了，但就我个人的兴趣来说，仍是想尽量偷空做些专门的研究。"④ 可见，艾思奇的这一番针对当时理论界研究现状的分析与其个人内心深处的独白，真实地诠释了包括他在内的很多理论工作者所普遍存在的思想观念。当然，针对当时理论界对于马克思主义的研究还不够透彻的情况，出现理论工作者们普遍重视理论研究的现象也是必然的。但它无疑凸显了马克思主义大众化、通俗化事业对于当时的很多理论

---

① 《艾思奇全书》第 1 卷，人民出版社 2006 年版，第 603 页。

② 同上。

③ 同上。

④ 同上书，第 601 页。

界人士来说，还不处于思想上急切关注、自觉性很强的阶段。正如艾思奇以《大众哲学》为例，曾说道："如果不是为着做了《读书生活》的一个编者，不能不服从编者的义务的逼迫，如果不是朋友们的鼓励和督促，《大众哲学》也许就永远不会开始写，而我也许永远没有机会使这么多的读者们认识了。"①

（四）资料译著不够准确

马克思主义在中国的早期传播，主要是来源于国外学者对马克思主义原著的介绍、翻译和评述，这些二手资料使得马克思主义在中国的介绍和传播不够准确，对译文的理解有偏差，尤其是很多理论工作者受苏联版本的马克思主义的影响较深，在独立思考方面做得不够，教条式理解比较明显，理论辨别力不强。艾思奇在上海时期的马克思主义哲学理论研究中，也曾受到苏联十位哲学家编写，苏联著名哲学家米丁主编的《辩证法唯物论》的影响颇深，他不仅翻译了《辩证法唯物论》著作并更名为《新哲学大纲》，而且在写作《思想方法论》时，在基本理论观点上，也受《新哲学大纲》的影响颇大，包括对形式逻辑不正确的看法的影响。正如艾思奇曾在《思想方法论》"后记"中说："这一本小册子的理论，从根本的地方来说，是采用外国的哲学著作的，尤其是自己译的《新哲学大纲》一书的影响特别大。在这一点上，我们可以'坦白地承认自己是复说者和抄袭者'……但这并不是说，新哲学就全是以抄袭和复说为能事，这又是一个错误。我们可以'抄袭'的只是基础的理论，拿到中国来'复说'时，我们又要把它具体地应用到中国的现实问题上，在这些具体的应用上，我们就不能单纯地抄袭，而需要种种的具体发展了。"②显然，文本资料的间接性，在某种程度上，多少会影响到我们对马克思主义理论的理解与辨别能力。

---

① 《艾思奇全书》第1卷，人民出版社2006年版，第601页。

② 同上书，第185页。

第三章　艾思奇探索马克思主义大众化的发展

艾思奇从 1937 年 8 月到 1946 年 11 月，在延安生活、战斗了近十年，这段时光被学术界称为艾思奇所经历的"延安时期"。在延安时期，艾思奇实现了他对马克思主义大众化探索的新发展——在马克思主义中国化现实化中推动马克思主义大众化。本章主要沿着艾思奇如何在马克思主义中国化现实化中推进大众化的角度，来厘清艾思奇在延安时期对马克思主义大众化的进一步发展。

一　延安时期艾思奇强调了"在中国化现实化中推动大众化"的思想

（一）艾思奇之"在中国化现实化中推动大众化"思想及其内涵

1938 年 4 月，艾思奇在《自由中国》创刊号上发表了《哲学的现状和任务》，首次提出了马克思主义哲学中国化现实化的理念。即"现在需要来一个哲学研究的中国化、现实化运动。"① 为毛泽东 1938 年 10 月正式提出"马克思主义中国化"的命题以很好的启示。更值得一提的是，艾思奇在分析当时为何要进行哲学研究的中国化、现实化运动时，回顾了马克思主义哲学通俗化、大众化所走过的道路，"过去的哲学只做了一个通俗化的运动……这是中国化现实化的初步。"② 很明显，艾思奇笔锋一转，是为了引导大众认识到对马克思主义理论的学习和宣传需要从通俗化提升到"中国化现实化"的认识高度。虽然他在上海时期已经意识到马克思主义大众化不仅要在文体上通俗化，在内容上也要与中国化现实化等词语联系起来，但是要论艾思奇真正侧重于在马克思主义中国化现实化中推动马克

---

① 《艾思奇全书》第 2 卷，人民出版社 2006 年版，第 491 页。

② 同上。

思主义大众化，则是在延安时期。尽管艾思奇没有直接提出"在中国化现实化中推动大众化"的概念，但他在《哲学的现状和任务》一文中已经鲜明地强调了这种思想，正如他所说："然而在基本上，整个是通俗化并不等于中国化现实化。因此它也没有适应这激变的抗战形势的力量，而另一方面，因为整个并没有做到中国化现实化，所以也不够充分的通俗化。"① 艾思奇在这段话中，虽然并没有明确使用"大众化"这一词语，但从艾思奇在上海时期对马克思主义大众化的探索基本上与通俗化等同起来，是"介绍性质的，书本式的，通俗化性质的"②，不难发现，艾思奇这里所言的通俗化实际和大众化是同义语。

　　为了便于大家更好地理解马克思主义"在中国化现实化中推动大众化"思想，艾思奇在延安时期不仅专门对新概念（即马克思主义中国化现实化）的内涵分别进行过界定："马克思主义中国化，就是在于把马克思主义的真正精神，马克思主义的基本原则，应用到中国的具体问题上来，就是在中国的现实地盘上来把马克思主义加以具体化，加以发展。"③ 马克思主义现实化"是更进一步向着'联系实际'和'具体化'的方向走过来了"。④ 而且，艾思奇还以韬奋先生为例，在《中国大众的立场》一文中阐述了在当时时代背景下，只有抓住广大人民要求抗战的要求和情绪，才能更密切地和大众站在一起。"韬奋先生的工作，是跟着人民的斗争而不断前进的。他抓着了人民政治上生活上所遇到的许多问题，给予了适当的回答，他的影响之所以能很快地扩大起来，就因为他的文章，能够反映斗争中的中国广大人民的要求和情绪。"⑤ "韬奋先生能够使他所编的《生活周刊》迅速进步，由讨论一般社会政治问题的刊物，转变为事实上为救国运动的宣传和组织中心。每进一步，就会更深入地与中国人民大众的生活和斗争相结合，并获得更广泛的群众的拥护。"⑥ 可见，艾思奇是主张以韬奋先生为表率，做一个以满足群众最关切的以抗战救国需要为依归的

---

① 《艾思奇全书》第 2 卷，人民出版社 2006 年版，第 491 页。

② 《艾思奇文集》第 1 卷，人民出版社 1981 年版，第 552 页。

③ 《艾思奇全书》第 3 卷，人民出版社 2006 年版，第 250 页。

④ 同上书，第 259 页。

⑤ 同上书，第 481 页。

⑥ 同上书，第 484 页。

"名副其实地站在大众的立场上的工作者"①。从而，"根据中国自己的现实材料，在中国自己的地盘上"② 更有效地实现马克思主义大众化。较上海时期"一般最多地需要是趣味化，日常生活化"③ 等要求，又在内涵上有了进一步发展。

（二）艾思奇之"在中国化现实化中推动大众化"思想的背景

艾思奇在 1941 年 8 月写成的《抗战以来的几种重要哲学思想述评》中谈到了马克思主义中国化现实化之被提起，是在经历了上海时期局限于马克思主义大众化、通俗化过程之后的一种进步与发展，这种进步与发展主要体现在延安时期的马克思主义理论研究者们已经能将马克思主义理论与抗战实践斗争密切地结合起来了。马克思主义之所以与中国抗战实情联系得如此紧密，据艾思奇分析，主要有国情、党情、新的历史条件三个方面的原因。"由于抗战的艰巨任务当前"反映的是我国当时所处的特殊国情；"过去的某些痛苦的经验教训"反映的是我党曾深受"教条主义与主观主义"毒害而留下了惨痛的历史教训；"新的条件"（理论研究者与实际斗争的结合有了更便利的机会）指的是众多马克思主义理论工作者越来越注重深入到抗战斗争、深入到民众中间去研究马克思主义如何来说明和解决现实问题。这三个方面都构成了艾思奇之所以强调马克思主义要"在中国化现实化中推动大众化"思想的历史背景。

第一，艾思奇关于马克思主义"在中国化现实化中推动大众化"思想，是由当时中国的特殊国情决定的。

马克思曾说过："理论在一个国家的实现程度，总是决定于理论满足这个国家的需要的程度"④，20 世纪 30 年代的中国，日本帝国主义侵略步步深入，发动了武装侵略中国东北的"九·一八"事变，先是东三省的沦陷，接着是日本发动了侵略上海的战争，进而又挑起"华北事变"，并最终爆发了全面的侵华战争。尤其是 1937 年 7 月 7 日的"卢沟桥"事变后，民族矛盾上升为主要矛盾，而国民党政府却置全国人民要去抗日的呼声于不顾，打着"攘外必先安内"的旗号，对共产党领导的抗日军民进行残酷

---

① 《艾思奇全书》第 3 卷，人民出版社 2006 年版，第 482 页。

② 同上书，第 259 页。

③ 《艾思奇全书》第 1 卷，人民出版社 2006 年版，第 364 页。

④ 《马克思恩格斯选集》第 1 卷，人民出版社 1995 年版，第 11 页。

的"围剿",对日本的侵略采取不抵抗的政策,致使大片国土沦入敌手。中国共产党和中国人民所面临的问题与矛盾纷繁复杂。此时,离开抗战这一现实主题来谈马克思主义大众化,显然是不能为广大民众所接受的。也就是说,在当时的国情下,马克思主义必然要走"中国化现实化"之路,才能真正急大众所急,需大众所需,也才能真正受到大众欢迎,为他们所掌握。

第二,艾思奇关于马克思主义"在中国化现实化中推动大众化"思想,是由中国共产党的党情决定的。

从中国共产党的发展历史来看,我党曾深受"教条主义与主观主义"毒害而留下了惨痛的历史教训。中国共产党自1921年7月23日成立以来,就以马克思主义为指导思想。但相当长一段时间内,我们党在思想上、政治上始终处于不成熟状态,大多数干部的理论水平也十分有限,基本停留于对马克思主义个别语句和结论的照抄照搬和片面理解上,不能从中国的实际出发制定策略。党内教条主义、理论脱离实际的现象还十分严重。教条式地搬用"城市中心论",拒绝毛泽东"农村包围城市"的思想。最终给革命带来了惨痛的教训,在第五次反围剿失败后,近十万红军不得不踏上长征之路,而最终抵达陕北时部队损失惨重,只剩几千余人了。这告诫我们,马克思主义只有与中国的具体实际相结合,才能为现实所用,也才能充分发挥我党的先锋模范作用。

第三,艾思奇关于马克思主义"在中国化现实化中推动大众化"思想,是包括艾思奇在内的马克思主义理论工作者们通过深入到抗战斗争、深入到民众中间去开展研究,而日渐领悟出来的必然选择。

在中华民族危机加剧的情况下,战斗在新闻战线、文化教育、艺术等各行各业工作岗位上的马克思主义理论界人士,无论是受外在环境的影响还是自觉投入抗战热潮,都已经强烈认识到:只有贴近中国抗战的实际、贴近中国民众的生活与实际需求,才能将马克思主义这一科学理论更好地教育、武装更多人的头脑,让更多的人自觉地信仰马克思主义,并用它来指导他们积极投身于民族解放的抗战中,也才能够让马克思主义在中国化现实化过程中,更好地实现马克思主义大众化。

(三) 马克思主义"中国化现实化"与"大众化"的关系

马克思主义"中国化现实化"与"大众化"之间是辩证统一的关系。

一方面，马克思主义大众化是马克思主义中国化现实化的基础；另一方面，马克思主义中国化现实化又是马克思主义大众化的继续和深入。我们都知道，马克思主义大众化的直接目的就是为了让大众理解、接受并运用马克思主义去变革现实世界，使中国的大众摆脱苦难，走向富裕、文明、幸福的生活。这就必然要让马克思主义和中国社会的实际相结合，否则便不能切合中国的社会实际，就有可能成为纸上谈兵、空中楼阁。因此，大众化的最终指向便是马克思主义中国化。只有实现马克思主义中国化、现实化，才能实现充分的通俗化和大众化。而之前的阶段，尤其是上海时期，艾思奇用通俗的语言、人民大众所熟悉的事例来介绍和解释马克思主义，这为马克思主义中国化运动准备了较为扎实的理论基础和浓厚的思想氛围。因而，艾思奇正是沿着"从大众化到中国化现实化"这一推进马克思主义的发展思路，使其在延安时期对马克思主义的研究工作又上了一个新台阶，实现了它们之间的辩证统一，也实现了马克思主义深深扎根于中国这片热土之上。

二 延安时期艾思奇多层面地探索马克思主义大众化

延安时期，艾思奇最突出的理论贡献就是推进马克思主义中国化现实化，但他丝毫没有停止对马克思主义大众化的探索，这一时期他尽管还是没有明确提出马克思主义大众化的概念，但却以马克思主义中国化的探索为前提，从理论教育、思想宣传、文化艺术、党群军群等多个层面对马克思主义大众化进行了继续探索。

（一）理论教育层面：深入不同层次的学习机构参加多次理论学习

延安初期，红军刚刚经历了长征，人员损失惨重，而新纳入党组织的党员虽然革命积极性很高，但大多出身于农民和小资产阶级家庭，受自身阶级的局限，往往认识水平有限，不能很好地掌握马克思主义理论，特别是容易将马克思主义书本化、教条化，容易使曾经在党内出现的以王明为代表的"左"倾错误又重新复苏。也就是说，虽然以往的错误得以纠正，但并未完全清除它对党内有可能造成的长期影响。因而，在党内开展马克思主义理论教育活动就显得尤为重要。同时，针对当时人民群众文化素质普遍较低的情况，让他们具备一定的文字阅读和学习能力，树立科学的思想意识也是十分必要的。在这样的情况下，党号召并组织开办了许多学习机构，调来了艾思奇、李初梨、周扬、周立波、何干之、舒群等一批学术理论界的专家到延安，自1937年10月起，到1945年大体结束，在党内外掀起了轰轰烈烈的学习马克思主义理论的活动。整个延安时期的马克思主义理论教育活动，实际上是一场马克思主义的普及化运动。我党不仅按照不同对象的学习水平和能力开办了不同的学习机构，而且多次开展了马克思主义理论学习活动，以延安初期的党内干部理论学习和延安中后期的整风运动最为突出。

就艾思奇深入不同层次的学习机构进行教学指导而言，指的是艾思奇深入到我党为文化水平较低的一般群众和文化水平相对较高的党员干部、知识分子这两种类型的学习主体而开办的学习机构中，有针对性地开展各具特色的学习。一方面，我党专为群众开办了冬学（农村在冬闲时开办的季节性学校）、识字组、剧团、夜校等各种社会教育机构，创办了庆阳民教馆、甘泉民教馆、子长民教馆等图书馆，实行了免费的义务教育制度，这为帮助扫除文盲，让他们有机会阅读报刊书籍和学习党的理论政策，接受科技农业、卫生常识、惠民政策等宣传和教育，奠定了良好的基础。而艾思奇、李初梨、周扬等许多专家深入工农、深入初级学习机构，对他们进行循序渐进的指导，则为广大群众的学习提供了很大的便利。从此，文化水平较低的群众也有了机会去掌握知识文化的利器。正如艾思奇曾在《改变面目改变脑筋》一文中以农民为例，阐述了这种变化："我们的努力，使中国出现了有史以来未曾有过的新农民，他们不但在物质上卸脱了穷困的枷锁，在精神上又开始突破了愚暗的网罗……他们正在扫除从来农民固有的保守、固执、安于落后等等陋习，成为光明和知识的追求者了。通过读报，分散闭塞的农村成员，能够在相隔数百里之外互相交换经验，他们能够关心到别的村庄有些什么进步，政府有些什么号召，国内政治怎样，国际情况如何……新的学校，使儿童和成年人学到了许多在农村生活中有实际用处的东西，学到了生产、防奸、养娃、卫生等等新的知识。"①另一方面，我党为了适应抗战形势的发展和持久战争的需要，决定兴办专业院校以培养大批理论人才和优秀干部，最终建成了抗日军政大学、陕北公学、青年干部训练班、马列学院、中央高级党校等多所专业院校。艾思

---

① 《艾思奇全书》第3卷，人民出版社2006年版，第479页。

奇不仅和其他理论教员一起承担了对学员们进行系统的理论培训的任务，担任了《马克思主义哲学》、《马克思主义政治经济学》、《马克思主义的基本问题》、《马列主义原著选读》、《中国现代革命运动史》、《西洋革命史》等系列课程的授课教师，而且汇编了《实践与理论》、《唯物史观》、《哲学选辑》等为干部提供系统学习的书籍，撰写了《正确的工作态度和工作方法就是辩证法——研究哲学的基本认识》、《怎样研究辩证法唯物论》等大量指导学习竞赛的文章。此外，毛泽东、朱德等党的领导人也为学员们作过精彩的报告和演讲，如毛泽东作过《战争和战略问题》和《新民主主义论》两次报告，朱德所作的《形势与抗日游击战争》的演讲，等等。可见，在这两种不同层次的理论学习活动中，党的领导人、大批理论职员、党员干部，都为马克思主义理论的普及化事业作出了重要贡献。艾思奇认为延安边区所采用的这种按照不同对象来分层次进行马克思主义理论教育的方式，"从普及教育的方面来说，边区是实施得最彻底的。"① 并在他的《抗战中的陕甘宁边区文化运动》一文中，专门谈到了这种彻底性的特点，也即对延安时期所采取的分层次进行理论教育的措施进行了总体概括："第一，从幼稚园一直到大学专门学院，一律不收学费、教育费，大学专门学院是连衣、食、住也供给的，所以，边区的人民或来边区的人，除汉奸以外，任何人都可以有受教育的权利和机会。第二，除学校教育外，还有各种各样的方式求教育的普及，如为要适合老百姓的生活条件，则施行各种社会教育（冬学、识字组、剧团等），党、政、军工作人员中间则有文化教育和政治教育，还有特殊的适应干部自己学习的干部教育，这各种各样的方式的应用，使得就是在生产中工作的人，也可以受到教育。"②

就艾思奇参加多次理论学习运动来普及马克思主义而言，艾思奇除了积极投入于以上所谈到的延安早期开展的分层次开展党内干部学习、冬学运动等马克思主义理论学习运动外，还积极参加了延安中后期的整风运动，这些学习活动贯穿于整个延安时期，构成了艾思奇参加马克思主义理论教育活动的多种人生经历。在此，我们重点说明的整风运动，是党在思想上的一次革命，是针对存在的严重的学风不正、党风不正、文风不正的问题，提出"反对主观主义以整顿学风、反对宗派主义以整顿党风、反对

---

① 《艾思奇全书》第 2 卷，人民出版社 2006 年版，第 792 页。

② 同上。

党八股以整顿文风"① 的任务，是要站在无产阶级的立场上来克服小资产阶级意识，是反对教条主义经验主义等主观主义、帮助全党确立实事求是、理论和实际相结合的思想路线的一次思想教育运动。这场思想教育运动的兴起是有着深刻的历史背景的：20 世纪三四十年代，延安地区思想不统一的现象十分明显，资产阶级、小资产阶级的自由主义思想相当深厚，有很多干部受主观主义毒害不能自拔，有对马列主义褒贬不一的，甚至有很多研究马列的与马列背道而驰，如果不及时检查去除掉，将对我们的新民主主义革命造成致命创伤，显然，在全党范围内开展一次整风运动势在必行。因此，艾思奇积极响应毛泽东的号召，相继发表了《反对主观主义》、《怎样改造了我们的学习》、《不要误解"实事求是"》、《反对经验主义》等许多篇以整风为主题的文章，对主观主义的两种形式（即教条主义和经验主义）进行了集中批判，并对党内树立"实事求是"的马克思主义作风作出了贡献。

　　事实上，艾思奇的这种探索，是非常现实的，可操作性也是非常强的，是能够直接为广大干部、理论工作者和民众所使用的。主要表现在三个方面：(1) 艾思奇针对两种具有不同优势的人（"有书本经验的人"和"有工作经验的人"），分别撰文提醒他们要防止犯两种错误（即针对"有书本经验的人"要克服教条主义，针对"有工作经验的人"要克服经验主义），这为广大干部提供了自我剖析和解决矛盾的具体思路。(2) 艾思奇对"实事求是"思想的内涵进行了具体诠释，让人们可以清晰地知道坚持实事求是，就是掌握"全面、发展地看问题"、"透过现象看本质"、"具体问题具体分析"、"实践是检验真理的标准"等具体的方法，从此，加深了人们对马克思主义关于理论联系实际这种方法的理解，也促使马克思主义的方法论很快走向大众化。(3) 艾思奇进一步树立了中国大众的立场。"我们的学习，则是要努力学习做'老百姓的勤务员'，学习'全心全意'地'为人民服务'。只有为着这样的革命目的的学习，才能真正做到言行一致。"② 这为干部和理论工作者们指引了一条明确的道路：从群众的实际要求出发，来创造性地开展工作、改进工作。

　　详细地说，关于"有书本经验的人"要克服教条主义的方面，艾思奇在《反对主观主义》、《怎样改造了我们的学习》中，回顾了以前学习马

---

① 《毛泽东选集》第 3 卷，人民出版社 1991 年版，第 812 页。

② 同上书，第 508 页。

列主义的情况，指出了以前存在理论脱离实际的情况，而这主要源于主观主义的其中一种表现形式：教条主义。"我们以前学习马列主义，是为理论而学习理论，不是为把这些理论变为实际行动。因此，我们喜欢学习一大堆的条文，头绪愈繁杂多样愈好，内容愈新奇难懂愈妙，这就是我们过去学习理论的态度……尽管这些条文是从马恩列斯的名著里抽取出来的，如果与当前的实际运动不切合，不能推动实际行动，那我们所记诵的，仍变成了一些空洞的教条"①。艾思奇分析了造成这种状况的原因在于一些人不搞调查研究，对如何解决中国问题不感兴趣。因为这类人往往是有书本经验的人，他们容易受书本知识的束缚，容易犯教条主义的错误，他们需要努力的方向是：向实际方面发展。艾思奇认为马克思主义理论要想为群众所掌握，推动马克思主义大众化运动，必须走理论联系实际的道路。"我们现在开始懂得了，怎样才叫做能掌握理论。掌握理论不是在口头上背熟了原则公式的词句，而是要能把理论的精神与实质，应用于实际。实践是真理的检验标准，只有在应用当中，才能证明我们是否掌握了真理。"②

关于"有工作经验的人"要克服狭隘经验主义的方面，艾思奇在1948年7月发表的《反对经验主义》一文中，明确指出理论脱离实际除了受前面谈及的教条主义的影响外，还源于主观主义的另外一种表现形式：经验主义。艾思奇认为1948年前后全国的革命形势发生了变化，即"要适当地缩小各个地方和各个兵团的自治权，要将全国一切可能统一和必须统一的权力统一于中央的领导之下，以便集中力量进行全国规模的解放战争和着手政治、经济与文化的各种新建设。"③ 艾思奇指出："这样的形势和任务，就需要我们各地和各工作部门的干部，在思想上超脱出狭小工作范围的束缚，学习在各种重要问题上联系着目前中国革命的全局趋势来加以考虑和解决，学习把一定范围或一定条件之下的具体的个别问题和党的总路线和政策联系起来。"④ 但当时的实际情况是："从整个说来，教条主义已经不是像1942年前后那样居于主要地位了，经验主义的情形却有些不同……多年来的游击战争与革命根据地被分割为许多独立单位的分散环

---

① 《艾思奇全书》第3卷，人民出版社2006年版，第356—357页。

② 同上书，第356页。

③ 同上书，第543页。

④ 同上。

境，使许多同志的思想被束缚于狭小的工作范围，使他们习惯于从个别地方的条件和个别地方的经验来考虑和解决问题，而不善于从革命全局的观点上来考虑和解决问题，不善于把地方上的问题联系于党的总的路线和政策。"① 因此，这类往往有着一定工作经验的人，他们容易受局部经验的影响，将局部的经验误认为是普遍的真理，这样极容易犯经验主义的错误，他们需要努力的方向是：向理论方面发展。

关于艾思奇对"实事求是"思想的解读，主要有四个方面的内涵：（1）艾思奇所言的实事求是的第一层内涵：马克思主义关于全面、发展地看问题的观点。艾思奇指出："真正的实事求是，首先必须注意事实的各个方面，而不是只看片面。在指摘某一现象时，必须明了它在现象全体中所居的地位，而不是离开全体来孤立看待……指摘缺点是为了发展优点，阐明过失是为着保证进步。"② 可见，艾思奇想要向所有党员说明：整风进行思想斗争的目标不是仅仅为了让大家争抢着揭发事实，不是简单地罗列各色各样的事例，做一个"有闻必录"式的新闻记者，把各色各式的珍奇而有趣的消息向群众报告出来，而是站在以人为本的立场去救人。"有些人以为整顿三风，主要目的就只在于'暴露'，忘记了真正的任务是'治病救人'。"③（2）艾思奇所言的实事求是的第二层内涵：马克思主义关于"要透过现象看本质"的观点。艾思奇指出："真正的实事求是，必须从实质上来理解事实，而不应该只就表面现象来看事实，或被形式的假象所迷惑……把延安的津贴制度上的差别称作等级制度，把工作余暇看戏的事情也认作腐化——这一类的观点之产生，正因为对事物采取了表面形式的看法，所以就轻率地误认了思想斗争的目标。"④ 可见，艾思奇想要向所有党员说明：整风进行思想斗争的目标也不是只从表面上作类比和附会，而应作深入调查研究以正确辨别其实质。（3）艾思奇所言的实事求是的第三层内涵：马克思主义关于"具体问题具体分析"的观点。艾思奇指出："真正的实事求是，必须把事实看做一定具体条件之下的事实，必须依据每一事实所处的条件来确定它的正确意义。……同一错误和缺点，在不同的'时'与'地'一定有不同的意义……延安工作人员中也有个别贪污现

---

① 《艾思奇全书》第 3 卷，人民出版社 2006 年版，第 542 页。

② 同上书，第 296 页。

③ 同上。

④ 同上书，第 296—297 页。

象，不能否认这是很坏的缺点。然而不论从量的方面或从质的方面说，都不能把它和大后方（当时对蒋介石国民党统治区的称呼）的许多大官僚的贪污行为等同看待。"① 可见，艾思奇想要向所有党员说明：每一事实都有它所处的条件，具体条件变化了，事实也就随之改变。（4）艾思奇所言的实事求是的第四层内涵：马克思主义关于"实践是检验真理的标准"的观点。也就是说，实事求是是一种方法论，是一种工作方法。真正的实事求是，不仅仅在于前面第一层面的"揭发事实"和第二层面的"调查事实理解事实的本质"，还在于这里所言及的内涵：以正确的态度"处理事实"，实事求是就是这样一种处理事实的正确的态度与方法，是实现主观认识与客观实际相统一的渠道。正如艾思奇在《不要误解"实事求是"》中所说："揭发事实调查事实，是必须的工作，然而却只是第一步的工作，倘若就此停止了，不再前进一步，以正确的态度来处理事实，那就会走向另一种偏向：狭隘经验的夸大。这是另一种主观主义……我们是马克思主义者，是革命的行动家，我们的认识，是为着实践，为着改变世界的……要把主观主义转变成辩证法唯物论，把教条主义转变成与中国实际密切联系的理论。"② 可见，艾思奇想要向所有党员说明：整风进行思想斗争的目标不仅仅在于理解事实、认识事实，而是要在此基础上寻找指导行动、改进工作的方法，改造当前不正确的工作方法，创造新的工作作风。

由上可见，艾思奇正是在积极响应与参与整风运动中，让党内同志和群众更进一步接受了马克思主义理论，特别是延安这个地方在当时集中了全国的人才，所以这次整风运动意义非常重大，不仅可以教育延安的干部，其成效还可以传播影响到其他革命根据地。由于整风运动最终形成了政治上、思想上、组织上的高度团结统一，争取和团结了更多的人加入到统一战线，实现了思想上的净化与普遍认同，这为从根本上打倒国民党反动派、从而推进中国革命的胜利，具有全国性意义，也无疑是艾思奇在推进马克思主义大众化过程中的一种新探索。

（二）思想宣传层面：中国化马克思主义（毛泽东思想）的大众化

艾思奇到达延安后，开始了与毛泽东互敬相长的来来往往，二人无论是年龄还是职务，都相互悬殊，但延安时期的艾思奇与毛泽东，交往密

---

① 《艾思奇全书》第3卷，人民出版社2006年版，第297—298页。

② 同上书，第298—299页。

切，是亲密的战友。譬如，艾思奇参加了毛泽东的哲学小组，积极参与过对《矛盾论》、《实践论》的讨论，为毛泽东的这两部马克思主义大众化的卓越作品贡献过一分力量，也在交流中为马克思主义中国化的典范——毛泽东思想的形成和发展作出了重要贡献。

随着中国革命实践的不断发展，毛泽东思想在军事、政治、思想、文化等各个方面得到全面展开并不断走向成熟。应中国革命实践的需要，党的主要领导人及理论工作者都强调要用毛泽东思想武装大众，统一思想。因而，这一时期的马克思主义大众化事业，在进行马列主义的大众化以外，还赋予了马克思主义大众化以新的内容，即推动马克思主义在中国发展的主要理论成果（毛泽东思想）的大众化。

艾思奇调往延安后，一方面，他继续为实现马列著作的大众化做了很多工作：他多次参加了马克思主义理论学习活动，撰写了《关于唯物论的几段杂记》、《辩证法唯物论怎样应用于社会历史的研究》等很多篇通俗易懂的文章，编写了《辩证唯物论教程》、《哲学选辑》、《马克思、恩格斯、列宁、斯大林思想方法论》等一系列能给予读者实际指导的书目，开始翻译了马克思、恩格斯关于历史唯物主义的信以及列宁的《哲学笔记》。另一方面，艾思奇也为普及马克思主义中国化的典范即毛泽东思想，付出了不少心血。主要表现在两大方面：（1）通过挖掘和宣传毛泽东著作中的精髓来使毛泽东思想大众化。譬如，毛泽东于 1941 年 5 月在《改造我们的学习》一文中，既提出了"实事求是"的概念，也明确指出了马克思列宁主义的理论联系实际的基本原则是党的指导思想，是党的一切工作的指针。如文中所说："没有马克思列宁主义的理论和实践统一的态度，就叫做没有党性，或叫做党性不完全。"[①] 艾思奇便于 1942 年 4 月、10 月，相继写了《不要误解"实事求是"》、《怎样改造了我们的学习》两篇文章，专门对"实事求是"和"马克思主义理论联系实际"进行了阐述。他在前一篇文章中，结合延安时期普遍存在的对"实事求是"的各种误解进行了一番分析，并重点挖掘了坚持实事求是应坚守的基本原则和方法，使人们了解到只要把握住了"全面、发展地看问题"、"透过现象看本质"、"具体问题具体分析"、"实践是检验真理的标准"等基本原则和方法，就可以有效地掌握毛泽东所提出的"实事求是"概念的真正要义。后一篇文

---

① 《毛泽东选集》第 3 卷，人民出版社 1991 年版，第 800 页。

章中，艾思奇又从"精读富含实践特色的党的 22 个文件"、"进行党内外思想斗争"、"改造个人思想"等具体方面，使得人们对克服教条主义、生动活泼地理解理论联系实际有了进一步的了解。(2) 通过解读毛泽东在延安时期所说的经典语句来使毛泽东思想大众化。无论是从毛泽东在延安时期所写的《改造我们的学习》、《反对本本主义》、《整顿党的作风》等著作，还是从他为延安抗日军政大学所作的《实践论》、《矛盾论》的演讲中，都可以发现，里面有很多脍炙人口并且富有中国特色的语句，如"有的放矢"、"三大法宝"、"没有调查，没有发言权"、"实事求是"、"惩前毖后、治病救人"等等。这些语句相当通俗朴实地说明了马克思主义真理，也是毛泽东本人致力于马克思主义大众化事业的思想结晶。而艾思奇则积极宣传了毛泽东本人在马克思主义大众化方面所取得的这些成果，他在《"有的放矢"及其他——学习杂记》、《民族与民族斗争》、《关于唯物论的几段杂记》、《不要误解"实事求是"》、《谈讽刺》、《改造我们的学习 (代序)》等文章中，对这些脍炙人口的语句逐一地进行了说明，使得毛泽东思想更加具体化了，更能为广大民众所熟悉和掌握。譬如，艾思奇在《关于唯物论的几段杂记》中从调查群众经验的角度进一步阐发了他对毛泽东关于调查研究的理解。"对于调查研究，我有这样一个了解：我们所需要的调查研究，其中的一环，不在于形式上的数目字的统计（虽然这是必要的），不在于各种死的材料知识的搜集（虽然这也是必要的），而在于学取群众的经验，并且根据群众的经验去了解这些数目字的统计和材料知识。"① 又譬如，他在《谈讽刺》中从运用讽刺的角度对毛泽东的"惩前毖后、治病救人"观点有了新的阐发，他指明了应结合不同对象而有不同的方式，"对顽固不变的大敌，就说不上善意。善意不会被这样的敌人所接受，好心是愚蠢，有时甚至于是罪恶……在自我批评和同志教育上，不应随便乱用讽刺的方式，更不能使用冷嘲的讽刺……因为这不能帮助同志进步，不能增强自己的队伍，相反地会瓦解和削弱自己的队伍。在同志教育中的讽刺，应该是治病救人，而不是人身攻击。"②

（三）文化艺术方面：推动抗战中的陕甘宁边区文艺大众化运动

文化艺术是艾思奇推动马克思主义大众化时所采用的生动有效的载

---

① 《艾思奇全书》第 3 卷，人民出版社 2006 年版，第 339 页。

② 同上书，第 329 页。

体。延安时期，艾思奇担任了中央文委秘书长兼陕甘宁边区文化协会主任，这为他采用革命文艺的形式，和广大文艺工作者一起来推动马克思主义关于中国革命的思想走向大众化提供了重要平台。其实，马克思主义关于中国革命的思想，早在第二次鸦片战争时期就有记载。1857 年 5 月，恩格斯就在他写的《波斯与中国》一文中，支持中国发起反对外国（在当时主要指英法联军）侵略的战争。正如他在文中所说："简言之，我们不要像道貌岸然的英国报刊那样从道德方面指责中国人的可怕暴行，最好承认这是保卫社稷和家园的战争，这是保存中华民族的人民战争。"[①] 那么，20世纪 30 年代，中国人民发起的反对日本侵略的战争只是对象发生了变化，就实质而言，仍是中国为民族生存而战，与马克思主义反对任何国家侵略他国主权的思想，仍是一致的。为了将马克思主义关于中国从不屈服于外国侵略、誓死进行保家卫国战争的思想推向大众化，艾思奇和广大文艺工作者们一起投入到了革命文艺的创作与宣传中。他始终强调广大文艺工作者应该融革命政治目的于文艺中，他在 1942 年 6 月、1943 年 4 月分别发表的《谈延安文艺工作的立场、态度和人物》、《从春节宣传看文艺的新方向》中，都强调了文艺工作者们要有 "为革命的政治目的服务"[②] 这一工作方向。"前进的文艺，是革命的政治事业之一部分……前进的文艺家，必然会、也应该会参加在革命的政治事业中，通过他们的专门技术，来为革命的政治目的服务。"[③] "要使文艺工作充满着革命斗争的内容，要根据现实的政治任务来创造新的文艺作品。"[④] 强调文艺必须要与抗战紧密相连，要与抗日斗争下的现实生活相联系，与中国的进步光明等前途展望相符合，要能鼓舞人们的战斗热情。正如他在《弄文艺的人要注意宪政运动》中所说："弄文艺的人，目的不是为了好玩，不是为了闲着没事，来掉弄笔墨发表文章，是为了要把抗战中中国社会的各方面现实生活反映出来，使人能看到中国进步的面目，看到抗战的光明的前途，看到妨碍进步的恶势力的丑态及其必然没落，并因此鼓舞人的勇气，坚定人的战斗决心，指示人们战斗的方向。"[⑤] 可见，艾思奇是主张以抗战为主题，以文艺

① 《马克思恩格斯选集》第 1 卷，人民出版社 1995 年版，第 710 页。

② 《艾思奇全书》第 3 卷，人民出版社 2006 年版，第 330 页。

③ 同上书，第 330 页。

④ 同上书，第 394 页。

⑤ 《艾思奇全书》第 2 卷，人民出版社 2006 年版，第 810 页。

为载体，大力推进马克思主义革命理论走向大众化。为了实现这样一个目标，艾思奇从工农路线、典型榜样、多样化宣传形式三个方面进行了探索：

其一，艾思奇号召广大文艺工作者走工农路线，在工农的现实生活中找寻素材。

艾思奇在 1943 年 3 月发表的《旧的恶习惯应该抛弃》一文中强调文艺工作者们要"从现实生活中（现在更知道要着重从工农大众的生活中）去找写作的题材"①，其创作的情绪，"主要的应该从人民大众生活的观察和研究中去取得。要能够热爱工农大众的生活，深刻认识他们的生活。"②有不少与艾思奇有着相似感慨的文化人从全国各地赶赴陕甘宁边区，其中有不少奔赴前方部队里、农村里、工厂里，与军群打成一片，去了解劳动生产、二流子转变、难民起家、军民互助等现实生活，这显然是十分有利于马列主义这一普遍真理深入人心并在中国这片热土上扎根发芽的。

艾思奇不仅发表文章来动员新闻出版、美术、文学等领域的工作者，更深入地联系群众生活。譬如，艾思奇在 1944 年 1 月、8 月，分别发表了《群众需要精神食粮》、《美术工作与群众的进一步结合》等文，指明了出版发行者"不要只是在城市里开店，专等群众上门，而是要深入到乡村去，走上群众之门"③，美术工作者不只是要继续"为劳动英雄画像，在乡下为老百姓作画"④，而是"要使美术更深入群众……要使美术创作的内容反映群众的实际生活。"⑤

而且，他也为积极宣传和深入挖掘广大文艺工作者所创作出的密切反映民众现实生活的作品而努力。延安时期，为了反映人民大众艰苦抗战、开展劳动生产、拥护爱戴共产党部队等现实生活，文艺工作者们将革命思想融入文艺之中，创作了符合中央政治任务和群众日常生活的典型作品。譬如，中央歌曲《生产大合唱》、《黄河大合唱》、《延安颂》，话剧《雷雨》、《日出》，戏剧《白毛女》、《逼上梁山》、《惯匪周子山》，美术年画《五谷丰登，六畜兴旺》、《军民团结》、《拥护老百姓自己的军队》等作

---

① 《艾思奇全书》第 3 卷，人民出版社 2006 年版，第 382 页。

② 同上书，第 383—384 页。

③ 同上书，第 442 页。

④ 同上书，第 469 页。

⑤ 同上书，第 469—470 页。

品，它们所反映的立场十分鲜明、内容丰富、形式通俗易懂，都是当时家喻户晓的作品。艾思奇专门发表了《〈日出〉在延安上演》、《逼上梁山》、《惯匪周子山》、《劳动也是整风》等文章来对其中的部分作品进行了宣传。艾思奇认为这些作品之所以优秀，在于它们"反映了群众的现实生活、实际斗争，反映了群众的思想感情。"① 例如，艾思奇在《〈日出〉在延安上演》中挖掘了《日出》这一作品"包含着极多的真实的内容，它暴露着中国某些中、上层社会的腐烂生活，揭示这资产阶级社会的互相吞并、互相残杀的罪恶的事实。"② 又在《逼上梁山》这一历史剧中，艾思奇指明了旧的历史剧可以加入现实生活中的新内容，即对《水浒传》中有关林冲被逼投奔梁山的故事进行了改编，在林冲与高俅两人的矛盾冲突中增加了林冲主动抗战、高俅卖国投降的情节内容，提高了故事的政治意义，开辟了旧剧为现实革命斗争服务的道路，来"暴露反动的统治者的荒淫无道，激发观众的斗争热情。"③ 还在《惯匪周子山》中反映了发生在陕北的一段革命群众粉碎内奸周子山的历史，显示的是革命潮流不可阻挡。体现了艾思奇主张挖掘民族新旧形式并结合新的时代内容来推动马克思主义的革命文艺大众化的思想。

　　其二，艾思奇主张并积极宣传抗战中涌现出来的"民族的典型人物"，树立各领域学习的榜样。

　　他不仅在《抗战文艺的动向》一文中表达了这样的思想，"今后的抗战文艺首先是民族的东西……主要是在它的内容，在于它能够用适当的形式（每一个作家自己能运用的适当形式）表现民族抗战的生动的力量，发扬民族的自信心、坚决心，写出一切抗战中最优秀的民族的典型人物。"④ 而且，他积极撰文宣传民族的思想上的战士鲁迅先生、民兵英雄神枪手李殿冰同志、劳动英雄吴满有、为民族解放和大众化事业呕心沥血的新闻工作者博古先生、韬奋先生等为群众所熟知和喜爱的典型人物，来推动马克思主义革命理论大众化。譬如，艾思奇在《民族的思想上的战士——鲁迅先生》、《纪念鲁迅先生逝世二周年》、《鲁迅的方向就是中华民族新文化的方向》、《五四运动在文学上的重要贡献》等文中，以"为着自由独立

①《艾思奇全书》第 3 卷，人民出版社 2006 年版，第 395 页。

②《艾思奇全书》第 2 卷，人民出版社 2006 年版，第 806 页。

③《艾思奇全书》第 3 卷，人民出版社 2006 年版，第 438 页。

④《艾思奇全书》第 2 卷，人民出版社 2006 年版，第 474 页。

而斗争的中国人民的模范"①、"中国新文学运动的最显赫的旗帜"②、"中国民族革命主义的一个典型"③ 等评价,高度称赞了鲁迅先生。并号召文学工作者要努力向鲁迅这位新文学的旗帜人物学习,原因在于"在鲁迅的身上,我们可以看出中国新文化和新文学的特点,那就是:新民主主义,以马克思主义的科学思想为主流的,作为今天世界革命文学之一部分的新民主主义的文化和文艺。"④ 又如,艾思奇在《前方文艺运动的新范例》里强调前方文艺工作者应学习新闻报道剧《李殿冰》中将民兵英雄神枪手李殿冰的故事表现在舞台上的创作范例。艾思奇认为:"在前方,对敌斗争是直接的中心任务,因此在文艺中,也必须表现工农兵们在战斗中以及战斗与生产结合中的英雄事业。"⑤ 他在《社会科学要研究什么》一文中,强调革命者必须遵循革命的规律,才能"如吴满有成为劳动英雄一样,他也可以成为革命英雄。"⑥ 此外,艾思奇还相继发表了《中国大众的立场》、《血肉相连》、《从理论工作方面看博古同志》、《悼念我们的社长和战友博古同志》等纪念性的文章,歌颂了博古先生、韬奋先生在新闻战线上为民族解放所作出的重要贡献,并号召广大新闻工作者要以他们为榜样,始终树立"中国大众的立场"⑦。

其三,艾思奇赞成广泛使用群众喜闻乐见的典型文艺形式来发挥宣传动员。

延安时期,在文学、音乐、美术、戏剧、舞蹈等各文艺部门,都有许多深受百姓欢迎的文艺形式。譬如,文学领域里的评词、大鼓,歌曲舞蹈类中很有特色的秧歌舞、各地民歌,美术领域的街头画、版画艺术家古元先生的延安木刻,戏剧里的秦腔、秧歌剧,等等。艾思奇在 1939 年 7 月发表的《两年来延安的文艺运动》中都有论及。他赞成广泛使用这些群众喜闻乐见的新旧文艺形式来发挥宣传动员。并就老百姓最喜爱的"秧歌剧"、"秧歌舞"以及美术领域丝毫不逊色于它们的"斗争洋片"和"图画大

---

① 《艾思奇全书》第 2 卷,人民出版社 2006 年版,第 533 页。

② 同上书,第 533 页。

③ 同上书,第 536 页。

④ 同上书,第 825 页。

⑤ 《艾思奇全书》第 3 卷,人民出版社 2006 年版,第 455 页。

⑥ 同上书,第 380 页。

⑦ 同上书,第 481 页。

鼓"，专门撰写了《群众自己的秧歌队》、《惯匪周子山》、《美术工作与群众的进一步结合》等文章，阐述了它们之所以受欢迎的原因。拿秧歌剧来说，艾思奇认为秧歌剧之所以受群众喜爱，原因在于"农村群众是喜欢综合艺术的……而秧歌剧是把歌、舞、音乐、戏剧熔为一炉的综合艺术。"① 他呼吁文艺工作者要更多地创作像《兄妹开荒》、《惯匪周子山》、《血泪仇》、《模范城壕村》、《逼上梁山》、《拉壮丁》等好的剧本。

就秧歌舞而言，在延安各工厂、部队、学校纷纷组建及群众自发建立的几十支秧歌队中，艾思奇认为鲁艺的秧歌舞和群众自己组织的"市民秧歌队"所表演的秧歌舞是最受百姓欢迎的。鲁艺的秧歌舞，因为形式更易于直接接触群众，在延安市、延安县的群众与干部中，在南泥湾、金盆湾的部队中，尤其受到了空前的欢喜赞叹。著名秧歌舞《挑花篮》中的插曲《南泥湾》，至今还被人们传唱着。而市民秧歌队的秧歌舞最能吸引观众的原因："就成员而言，参加市民秧歌队的有铁匠、木匠、商人等各项的群众，有陕西、河南、山西等各地的人民，因为都是老百姓，所以很熟习应用各种各样的，各地方来的群众艺术形式，因此也最能吸引观众。就曲调来说，河南坠子、山西梆子、郿鄠调等都用到演唱里了，就服装来说，单单那色彩的鲜明一点，就是最适合群众心理的。此外如抬阁、高跷，都是极能引起群众兴趣的形式，尤其是在高跷上演唱，使成千的观众都能看得清清楚楚，就平地广场的演出上来说，也是一个对观众较好便利的方法。"②

就美术图画而言，艾思奇在《美术工作与群众的进一步结合》中以"斗争洋片"和"图画大鼓"为例，阐述了它们之所以为群众所喜闻乐见，是由于它是将美术与音乐相结合的典范。正是由于"它与其他文艺形式和宣传方式结合起来，使画的内容容易为群众所充分了解。"③ 因而，艾思奇希望今后要继续采用以上这些让群众喜闻乐见的文艺形式来发挥宣传动员作用，并大胆地尝试各种新的旧的、国内外的、地方的、民间的、最简单和最复杂的艺术形式，来暴露现实矛盾冲突。

---

① 《艾思奇全书》第 3 卷，人民出版社 2006 年版，第 453 页。

② 同上书，第 453 页。

③ 同上书，第 470 页。

（四）党群军群关系方面：助推党群军群的良性互动以赢取大众认同

延安时期，在轰轰烈烈的革命战争环境下，若想赢得新民主主义革命的最终胜利，中国共产党必须紧密依靠群众的伟大力量，因为群众是共产党的革命事业的基础。为了培养良好的党群军群关系，我党不仅在根据地建设了三三制的民主政权，而且按照新民主主义经济的方向发展了生产运动，还开展了拥军和拥政爱民的双拥活动。这些政策使得民主公平的理念深入人心，使得经济贫困的陕甘宁边区得以迅速发展，老百姓都安居乐业，没有饭吃的都找到饭吃，有饭吃的都渐渐富裕起来，使得极大地激发了大众拥党拥军的热情。这样的成就，在当时没有中国共产党领导的地方是做不到的，因而，党和人民军队切实得到了人民群众的衷心拥护和爱戴，人民群众从心理上也对党的指导思想（马克思主义）产生了好感，这无疑为马克思主义大众化奠定了良好的群众基础。

在这样的党群军群关系背景下，艾思奇写了《共产党的本领在哪里》、《人民的军队》、《新办法》等多篇文章，歌颂了党和人民的军队，高度肯定了马克思主义的指导作用，目的是希望能对已经形成的党群军群间的这种良性互动起到宣传助推作用，从而推动中国革命取得最终胜利。因而，他在《共产党的本领在哪里》一文中指明了中国共产党的最主要的本领是以马克思主义为指导。如文中所说："共产党的最主要的本领是在什么地方呢？就在于，共产党在进行革命斗争当中，是用马克思列宁主义理论来指导的。马克思列宁主义理论，是科学理论，是包括着社会发展规律和革命斗争规律的科学理论。"[1] 艾思奇在文中也说明了正是依靠马克思主义的指引，才能诞生党的各种光辉政策，才能实实在在地赢得群众的支持和拥护。就如他所说："共产党之所以有群众，是因为依靠了科学的理论，能给被压迫的群众找出求解放的正确道路，所以群众才拥护党，跟着党走。正如刘建章同志，给延安南区老百姓指示出发展生产改善生活的道路，所以老百姓都跟了他走。"[2] 可见，马克思主义能够指引中国革命走向一条光明之路，共产党则带领着人民群众实现对光明的追求。艾思奇通俗易懂地将中国共产党和马克思主义，分别类比为"革命的向导人"、"革命的向导人所不可缺少的路线图案或指南针"。实际上，这是为人民群众指明了一

---

[1] 《艾思奇全书》第 3 卷，人民出版社 2006 年版，第 375 页。

[2] 同上书，第 377 页。

条具体的道路：紧密地团结在向导人的周围，依靠马克思主义这个指南针的指引，将中国革命事业推向前进。同时，这也是为党在 1937 年 8 月的洛川会议后采取的减租减息，开展生产运动、双拥活动等等举措在全国范围的广泛传播与采用，起到了推动作用，从而使大众对马克思主义，党的路线、方针、政策有所了解和掌握。

为了宣传和助推军民关系，艾思奇又于 1944 年 2 月写了《人民的军队》一文，传承了马克思主义关于军民一家的思想。他讲述了延安时期八路军、新四军在敌后艰苦的环境里，除了紧张繁重的战斗任务外，还帮助人民开展生产运动的情况，以太行山、六军分区帮助群众耕地四万亩这一惊人的数字为例，说明军队对人民的极巨大的帮助，从而证明我们革命军队有着爱护人民的责任和高度的自觉："他们懂得自己是为人民打仗，懂得把一切人民的事情当作自己的事情。他们在战场上能够不怕牺牲，在生产中，在克服物质困难的斗争中，也能够以献身的精神去帮助人民。在边区，我们的部队不吃老百姓一顿饭，为老百姓耕地、锄草、收割，而且要做得比老百姓自己更仔细更迅速。在前方，天灾人祸双重地威胁着老百姓的生活，我们的军队节衣缩食，尽一切力量来加以救济，最动人的是太行一带的救灾运动，上至总司令，下至每一个士兵，普遍地节约了伙食，作为救济灾民之用。"[1] 然后，讲述了列宁关于"群众不怕带枪的人"的思想，艾思奇认为在现在的中国，八路军、新四军就是群众自己的军队，这是从群众到处言传的"我们从来没有见过这样好的军队"的评论中得以自然证实的。艾思奇认为军民的亲密团结是必胜的保证。由于能够爱护人民、依靠人民，所以我们能够以少胜多，创造奇迹，取得一次又一次的胜利，而这与军队人民间亲如兄弟般的亲密关系是分不开的。最后，高度提倡我们的军队要在拥政爱民运动中，更高度地发扬优良的品质，要精益求精地学会三套本领："打仗、生产和群众工作。"如果有一点点脱离群众的官僚主义的灰尘，那就要像天天洗脸一样的洗掉。[2] 随后，艾思奇又在 1944 年 2 月写的《新办法》中提及战卫部在拥政爱民工作中，创造了许多新方法，譬如，帮助群众写对联、组织劳动、利用合耕队、互助社等等，采用变工、札工、唐将班子的形式，引用"劳动英雄顶秀才、一担粪顶一升米"的口号，总之，这些都是老百姓所熟悉的形式，老百姓也非常乐于

---

①　《艾思奇全书》第 3 卷，人民出版社 2006 年版，第 444 页。

②　同上书，第 446 页。

接受。以上这些探究，对于推进军民关系的和谐，让我们的军队为人民所爱戴，共同推进革命的胜利是有重要作用的。

三 延安时期艾思奇探索马克思主义大众化的途径

（一）依托文化教育机构

延安时期，艾思奇依托中央为党员干部和知识分子创办的抗日军政大学、马列学院、陕北公学等专业学校和为群众开办的冬学、识字组、剧团、夜校等各种社会教育机构，结合不同的受教育对象，积极投入到马克思主义理论的教学任务中。他通过深入工农、深入初级学习机构，参加学习竞赛、冬学运动、文教工作代表会议等形式，对工农大众进行科技农业、卫生常识、惠民政策等方面的指导，鼓励他们阅读报刊书籍和学习党的理论政策，分清不同党派在抗日问题上的态度，积极地参军参战、从事生产、保密信息等，来推进马克思主义的普及教育。与此同时，艾思奇还与众多理论教员一起，在抗日军政大学、马列学院、陕北公学等专业院校为党的干部、知识分子们进行马克思主义理论的学习指导，为他们进行《马克思主义哲学》、《马克思主义政治经济学》、《马克思主义的基本问题》、《马列主义原著选读》、《中国现代革命运动史》等课程的系统理论培训，提供《实践与理论》、《唯物史观》、《哲学选辑》等相对通俗的读物，循序渐进地完成马克思主义理论基础知识的普及。艾思奇虽然只是从事马克思主义理论教育工作中的一分子，但他为延安时期广大民众的马克思主义普及事业付出了不少心血。

（二）以文艺宣传为载体

延安时期，艾思奇十分注重采用文艺这种鲜活的载体，来推动马克思主义的革命思想走向大众化。他写了大量反映当时的民族解放战争、阶级斗争、劳动生产和整风教育等主题的文化艺术类文章。譬如，《抗战文艺的动向》、《文艺创作的三要素》、《旧形式新问题》、《两年来延安的文艺运动》、《抗战中的陕甘宁边区文化运动》、《〈日出〉在延安上演》、《弄文艺的人要注意宪政运动》、《谈延安文艺工作的立场、态度和任务》、《旧的恶习惯应该抛弃》、《从春节宣传看文艺的新方向》、《前方文艺运动的新范例》、《文艺工作者到前方去》，等等，大部分收入于文艺集册《论文化和艺术》，少部分收入于《文艺突击》、《谷雨》、《解放日报》里。通过这些文章，艾思奇不仅宣传了秧歌剧《兄妹开荒》、歌剧《白毛女》、新编京剧《逼上梁山》、大型音乐作品《生产大合唱》、《黄河大合唱》、戏曲《血仇泪》、小说《一个女人翻身的故事》等一批大众耳熟能详、影响深远的中国文艺抗战作品；而且宣扬了人民群众喜闻乐见的歌谣、年画、戏装、秧歌舞、秦腔、郿鄠、高跷等旧的民间文艺形式和街头歌舞短剧、新闻报道剧、歌谣戏曲混搭的新歌剧、报告文学、群众朗读剧、古元的木刻等新的民族形式，以及抗战、生产、教育、防奸等文艺新内容；艾思奇还通过写作扩大了三边的美术工作团体、鲁艺、西北文公团、青年剧院、民众剧团、烽火剧团等优秀的文艺典范和劳动英雄大会、生产文化教育展览会以及骡马大会等革命活动的影响力。可见，艾思奇的著述相当全面地呈现了马克思主义通过文学、艺术、活动等生动形象的渠道来走向大众化的生动场景，展现了延安文学、艺术发展的历史和整体面貌，多维地总结了延安时期文学艺术取得的巨大成就和宝贵经验。同时，艾思奇本着与广大文艺工作者一起甘当小学生的态度，走与工农兵相结合的路线，积极投身于文艺下乡、下厂、下部队的活动，参加了文艺界举行的各种文艺表演和人物纪念活动，参加了边区文协召开的各种文艺会议，并利用业余时间翻译海涅的诗作《德国——一个冬天的童话》，从1931年开始翻译海涅的《德国——一个冬天的童话》，到1945年出版，他花费了不少心血。可见，艾思奇以文化艺术为宣传载体，通过写作、翻译及参加活动与会议，为马克思主义的革命文艺走向大众化作出了多种尝试与贡献。

（三）利用报纸杂志等媒介

报纸、杂志是艾思奇进行马克思主义宣传的主要阵地。艾思奇在当时的《解放日报》、《中国文化》、《解放周刊》、《新华日报》、《新中华报》等一系列报纸、杂志上发表了几十篇通俗的马克思主义理论文章。譬如，艾思奇在《中国文化》上连载的《哲学是什么》、《进一步认识中国的现实》、《论中国的特殊性》；在《解放日报》上发表的《"有的放矢"及其他》、《学习观念的革新》、《共产党的本领在哪里》；在《解放周刊》上发表的《怎样研究辩证法唯物论》、《社会主义革命与知识分子》、《共产主义与道德》，等等。这些文章富含着他对马克思主义的许多形象生动、浅显易懂的理解。例如，艾思奇在《哲学是什么》、《进一步认识中国的现实》中均采用"盟主的资格"① 形象地比喻马克思主义的指导地位；在《"有的放矢"及其他》中用"矢"射"的"来比喻运用马克思主义理论来解决中国的实际问题；他在《学习观念的革新》中用"猛火攻，慢火烹"② 这一句中国的老话，将马克思主义的学习规律比喻为煮肉，"要用大的火力来进行几个月的学习检查的突击"③，也即延安整风开始时所采取的"三个月阅读文件，一个月检讨工作"的突击。尔后"也要在学习检查之后，用日常工作的文火，耐心地烹煮，然后马克思主义的理论对于你才不至于半生嚼不烂。"④ 这里的"耐心的烹煮"指的便是"以后的持续的努力，不断地积累新的工作经验，不断地依据新的经验来温习文件，来回味理论上的许多原理原则，应用马克思主义的立场和方法，正确解决一切工作问题。"⑤；同时，这些文章也富含着艾思奇对马克思主义中国化的诸多通俗解读。譬如，他在《论中国的特殊性》中依据"一般与特殊"的原理，阐述了马克思主义中国化就是"依据中国的特点使马克思主义在中国民族的特殊形式之下表现出来。"⑥ 他在《共产党的本领在哪里》中阐明了中国共产党的最主要的本领就是在于"共产党在进行革命斗争当中，是用马克思列宁主义理论来指导的。"⑦ 此外，艾思奇在纪念马克思主义经典作家的活动中写作了《哲学战线上的列宁时代——为列宁逝世纪念日作》一文并发表在《解放日报》上，从列宁时代的理论论争讲到毛泽东同志所领导的中国党内在当时的整顿三风运动，有效地推动了马克思主义的普及。以上这些都是艾思奇通过报纸、杂志这一路径渠道来推动马克思主义大众化的范例。事实上，整个延安时期，艾思奇通过在报纸、杂志发文的方式，所写出的浅显易懂地解读马克思主义的文章，实在不胜枚举，极大地推动了马克思主义大众化事业。

---

① 《艾思奇全书》第 3 卷，人民出版社 2006 年版，第 243 页。
② 同上书，第 326 页。
③ 同上。
④ 同上。
⑤ 同上书，第 325 页。
⑥ 同上书，第 779 页。
⑦ 同上书，第 375 页。

（四）以人民群众为根基

以人民群众为根基，时时为民众代言，这是艾思奇作为一名理论工作者一生所坚持的基本原则，尤其是在延安时期，艾思奇在其所从事的理论教育、文艺工作、新闻编辑等工作经历中，始终注意以人民群众为根基，来贯彻马克思主义的群众路线。这一鲜明的特点从他写的文章中，可以清楚地得以说明。艾思奇在他从事马克思主义理论普及化教育期间所写的《使三万双睡眼睁开》、《怎样改造了我们的学习》、《难》，他在担任中央文委秘书长兼陕甘宁边区文化协会主任时所写的《谈延安文艺工作的立场、态度和任务》、《群众需要精神食粮》、《群众自己的秧歌队》、《美术工作与群众的进一步结合》；他在担任新闻编辑期间所写的《中国大众的立场》、《血肉相连》、《悼念我们的社长和战友博古同志》，等等，都富含着艾思奇以人民群众为根基来推动马克思主义大众化的思想。譬如，艾思奇在《使三万双睡眼睁开》一文中，以陕甘宁边区这个民众教育的模范区所实行的"消灭三万文盲的大计划"[1] 为例，阐明了"抗战教育最基本的一个特点，就是应该包含广大老百姓的民众教育。"[2] 他在《难》一文中，以"做老百姓的勤务员"形象地说明我们为着革命目的而学习的立场。在《群众需要精神食粮》中，艾思奇以"我们希望文艺工作者（文艺、社会科学、自然科学等各方面的写作者）……真正眼睛向下，向群众学习，考察群众的需要。"[3] 来形容所有文艺工作者应全身心走入工农群众中，把自己的趣味、情趣融合于工农群众，进行生活体验和意识锻炼。他在《中国大众的立场》、《悼念我们的社长和战友博古同志》中分别以韬奋先生、博古先生为例，以"善于了解群众的切身要求，体察人民的思想情绪，聚精会神地研究怎样说出读者群众……勇于批评和放弃一切不适合群众需要的思想，热烈地追求和接受对人民有利的新事物和新思想。"[4] "报纸与群众结合、群众办报的思想，职业记者、基干通信员和广大通信员结合的思想"[5] 清晰地为新闻战线人士指明了学习的榜样和为人民服务的努力方向。

---

[1] 《艾思奇全书》第2卷，人民出版社2006年版，第685页。

[2] 同上。

[3] 《艾思奇全书》第3卷，人民出版社2006年版，第441页。

[4] 同上书，第482—483页。

[5] 同上书，第532页。

可见，艾思奇在延安时期将马克思主义的群众路线融入到了他所经历的各项工作中，成为他在这一时期推进马克思主义大众化事业的一条根本路径。

四　延安时期艾思奇对马克思主义大众化的历史贡献

（一）丰富了马克思主义大众化的内涵

为了让马克思主义易被大众所接受，艾思奇在上海时期曾围绕"如何通俗易懂地解释马克思主义"，对马克思主义大众化从软化形式和软化内容两方面进行了内涵解读，即文体形式上尽可能地从表达手法、题材性质、结构类型、语言体式等方面使马克思主义的理论阐述变得清晰明了、浅显易懂，内容上尽可能地接近大众的生活现状、民族的抗战实际，等等。延安时期，艾思奇在上海时期对马克思主义大众化的理解基础上，侧重点转向到"如何在中国普遍地学习与运用马克思主义"这一角度，使得他对马克思主义大众化的内涵，又有了新的理解。他结合延安开展的马克思主义理论学习和整风运动，强调了它们是"教育了广大的共产党员和革命工作干部"[1]，是"深入群众的普及教育"[2]，使我们明白了马克思主义大众化实际上是一次普遍的马克思主义教育活动，对马克思主义大众化新添了"马克思主义理论掌握大众"的内涵，同时，他又结合中国抗战实际，强调了"马克思主义的科学理论，是正确解决革命的实际问题的武器。"[3]那么，马克思主义大众化，就是广大群众都能运用这个武器来解决改造中国和争取中华民族独立解放这个最核心的中国现实问题，实际上是新添了"大众掌握马克思主义理论"的内涵，这时的大众不再是"化"的对象，而成了"化"的主体。较"马克思主义理论掌握大众说"而言，"大众掌握马克思主义理论说"更深化了马克思主义大众化的内涵，强调了马克思主义理论从"外化"（外在灌输）向"内化"（自觉学习与运用）的转变。可见，无论是艾思奇在上海时期所持的"软化形式与内容说"，还是延安时期他所论述的"马克思主义理论掌握大众说"、"大众掌握马克

---

① 卢国英：《智慧之路：一代哲人艾思奇》，人民出版社 2006 年版，第 271 页。

② 《艾思奇全书》第 2 卷，人民出版社 2006 年版，第 791 页。

③ 《艾思奇全书》第 3 卷，人民出版社 2006 年版，第 323 页。

思主义理论说"，都只是从不同角度，对马克思主义大众化的内涵进行了不同的解读，实质都是为提高大众的觉悟，使他们能学习运用马克思主义，投身于中国革命实践。

(二) 明晰了马克思主义大众化的范围

延安时期，艾思奇围绕"化"的对象和内容，进行了卓有成效的探索。他从"大众"这一用语出发，明确了马克思主义大众化的对象。具体而言，即艾思奇在其所写的《五四运动在文学上的重要贡献》一文中阐明了"人民大众"的概念，强调人民大众是"以农民、工人、士兵为主"[①]，至于人民大众所包括的全体成员，艾思奇在他的《民族与民族斗争》一文中，清晰地界定为由"全中华民族所有一切生动力量，一切抗日的阶级、阶层、党派、团体，除了极少数的民族叛贼以外"[②]组成的民族统一战线。可见，艾思奇所理解的人民大众的广阔范围，是从中华民族的团结抗战这一中心任务出发的，是为了联合全民族的一切反帝力量，来争取民族革命战争的胜利。同时，艾思奇也从理论的视角，明确了马克思主义大众化中所指的内容，即"化"什么理论的问题。艾思奇指出马克思主义大众化具有两个方面的内容所指，其一，要化"马克思列宁主义"，要"用心熟读马克思、恩格斯和列宁、斯大林著作中的结论和原理……学会在无产阶级斗争的各种条件下运用这个理论来解决革命运动的实际问题。"[③] 其二，要化"毛泽东思想"。艾思奇指出："我们尤其要认真研读毛泽东同志的著作。应该说：毛泽东同志的著作，在一定意义上也是无产阶级领导革命运动的国际经验的一种总结，是马克思列宁主义的普遍真理的一部分。毛泽东同志的著作，是特别总结了中国革命运动的各时期和各方面的经验，因此也就是我们学习把马克思列宁主义的普遍真理与中国革命的具体实践相结合之最好的模范。"[④] 艾思奇的这一观点符合中国革命实践的需要，反映了理论界共同的呼声。

[①] 《艾思奇全书》第 2 卷，人民出版社 2006 年版，第 822 页。

[②] 同上书，第 636—637 页。

[③] 《艾思奇全书》第 3 卷，人民出版社 2006 年版，第 572 页。

[④] 同上书，第 550 页。

（三）推进了马克思主义大众化的多维发展

纵观艾思奇在延安时期对马克思主义大众化所进行的众多探索，不难发现，艾思奇在这一时期对马克思主义大众化的贡献是十分深入而全面的。无论是对马克思主义理论的创新发展，还是对广大民众的马克思主义普及教育，抑或是开拓对马克思主义进行宣传的多种渠道，等等，艾思奇的功劳都是功不可没的。从艾思奇推进马克思主义大众化的"理论维度"看，艾思奇在延安时期不仅继续推进马克思、恩格斯、列宁等经典作家的理论实现大众化，而且他本人也为马克思主义理论的创新与发展做出了贡献，尤其是为毛泽东思想的形成、宣传和普及起到了重要的促进作用。从推进马克思主义大众化的"群众维度"看，艾思奇通过参与各种社会教育（冬学、识字组、剧团等）来为文化水平较低的群众普及基础知识，他作为广大教员中的一分子，对迅速提高延安地区的文化水平付出了不少功劳。从推进马克思主义大众化的"人才维度"看，艾思奇在党组织开展的许多次关于马克思主义理论的学习和整风运动中，担任了主要教员，参与培养了一批推动马克思主义大众化的人才队伍，使广大党员和革命干部受到了一次普遍的马克思主义教育，这无疑为马克思主义大众化提供了重要智囊和人才支撑。从推进马克思主义大众化的"宣传维度"看，艾思奇在延安时期不仅在理论研究中，十分注重挖掘中华民族的特色，善于结合中国的历史和中国学术遗产来理解和宣传马克思主义，而且在文化宣传上，也十分注意结合中国百姓所喜闻乐见的中国文化和艺术形式来扩大影响，具有鲜明的中国特色、中国气派，他始终践行着在延安初期所构想的在马克思主义中国化中推进马克思主义大众化的思路。较上海时期，艾思奇拓宽了马克思主义大众化的多种宣传渠道，为马克思主义的广泛普及创造了条件。

五　延安时期艾思奇探索马克思主义大众化的困境

（一）小资产阶级意识的影响

延安时期，艾思奇推进马克思主义大众化所采取的一种行之有效的方式就是文艺。但在文艺创作与宣传中，艾思奇深感小资产阶级意识常对包括他在内的很多工作者造成消极影响，正如他在《谈延安文艺工作的立场、态度和任务》中所说的那样："我们几乎都是从小资产阶级中间走过来的，小生产者的自私自利和个人主义意识，常顽固地盘踞在我们的头脑里。它和马克思列宁主义的集体主义思想相矛盾，它常常违反着我们自愿的方向，使我们所做的和我们所说的背道而驰。"① 因而，这势必给包括他在内的很多文艺工作者带来工作上的不良习惯和思维惯性，譬如，"对知识分子的性格趣味会比较偏爱，而对工农成分的人物却缺乏深的理解"②、"害怕政治破坏艺术"③、"用自由主义的主观理想去衡量革命地区的生活人物的优点和缺点"④，等等。很明显，大多出身于小资产阶级知识分子家庭的文艺工作者们，自然不会天生就有一副马克思列宁主义的头脑，不会自觉地将文艺与抗战、文艺与政治联系在一起。如何引领他们有意识地扫除小资产阶级知识分子的个人清高或个人英雄的思想情绪，站在马克思列宁主义的立场上工作，齐心协力地为人民大众服务，这无疑给艾思奇这位马克思主义者提出了现实考验。

（二）陕甘宁边区贫苦落后的现状

艾思奇在延安时期推进马克思主义大众化运动的效果上，受到过陕甘宁边区整体文化环境的影响。虽然抗战以来边区文化运动取得了轰轰烈烈的成果，走到了全国先进的地位，但在继续发展上也面临着物质的、文化的、政治的种种困难，正如艾思奇在《抗战中的陕甘宁边区文化运动》中所说："就困难条件来说，第一是物质困难不足以供应文化发展的需要；第二是边区文化本身原来的落后，使得它不容易迅速提高；第三就是敌人、汉奸、顽固分子的政治上的包围破坏，这也是文化发展上的一个重要障碍。这一切困难条件，就是使得边区文化有着种种缺点的原因。"⑤ 也正是因为这些困难，边区文化的提高还赶不上政治的需要，具体表现有三点："甲，学校教育及社会教育的成绩还没有使边区民众文化脱离落后地位；乙，理论研究和艺术活动都还有很大提高的余地，科学医务还幼稚；丙，出版方面的质和量，都

---

① 《艾思奇全书》第3卷，人民出版社2006年版，第331页。
② 同上书，第335页。
③ 同上。
④ 同上书，第334页。
⑤ 《艾思奇全书》第2卷，人民出版社2006年版，第790页。

还不能充分满足全国政治和文化上的需要。"① 这些表现，艾思奇也有深刻体会，他曾说："民众中间现在还保存着许多有地方特色的，然而为庸俗低级的趣味所腐蚀了的文化生活，在年节的关头还做着男女调情之类的空洞无意义的舞蹈的表演"②，"就出版方面来说，虽然除《边区群众报》、《部队生活报》及各分区的通俗小报外出版了一些通俗读物，并且书店也用种种方法（在骡马大会上摆摊子，组织流动供应等）把读物送到群众的手里，但是在数量和质量上是很不够的。"③ 显然，这些影响着马克思主义向民众深入的效果，即会影响马克思主义在民众中间发挥动员作用的实际成效。对此，艾思奇先后在《谈谈边区的文化》、《抗战中的陕甘宁边区文化运动》、《群众需要精神食粮》等文中，表达了这种深刻认识。

（三）教条主义和经验主义的盛行

延安时期，马克思主义理论工作者普遍存在着依靠书本和主观判断来把握马克思主义的结论和原理，而没有做到在丰富的中国社会环境和中国历史的规律中来把握马克思主义理论，做到从事实材料的最详密与具体的收集调查着手。正如艾思奇在《进一步认识中国的现实》中所说："咬文嚼字的学习方法，抽象原则的议论习惯，随便抓着一点事实来乱套公式的轻浮作风，在研究马克思主义的人们当中，还是相当普遍。"④ 显然，这容易导致书本教条主义和经验主义的错误倾向。艾思奇也曾受其影响，发生过思想偏差，所幸通过整风运动得以纠正。他在新中国成立后出版的《"有的放矢"及其他》一书前言里写道："延安整风运动教育了广大的共产党员和革命工作干部，我自己在这个运动中也受到了很多的教育。在这些教育的帮助下，开始认识了和改正了自己许多知识分子的缺点。"⑤ 之后，艾思奇在《反对经验主义》中指明了"具体地分析具体问题是既能解脱教条主义，也能解脱经验主义的武器，是马克思列宁主义的灵魂"。⑥ 可见，延安整风运动实现了包括艾思奇在内的一大批知识分子的思想上的革命。

---

① 《艾思奇全书》第 2 卷，人民出版社 2006 年版，第 801 页。

② 同上书，第 511 页。

③ 《艾思奇全书》第 3 卷，人民出版社 2006 年版，第 441 页。

④ 同上书，第 244 页。

⑤ 卢国英：《智慧之路：一代哲人艾思奇》，人民出版社 2006 年版，第 271 页。

⑥ 《艾思奇全书》第 3 卷，人民出版社 2006 年版，第 552 页。

第四章 艾思奇探索马克思主义大众化的深入

伴随着全国的解放，中华人民共和国的成立，马克思主义大众化事业也迎来了新的机遇和良好氛围，艾思奇也在新中国成立后随马列学院迁入北京，从此开始了他在北京时期的工作和生活，直至他 1966 年逝世，他一直在中共中央党校工作、生活了近十八年。在这段新的历史时期，他始终围绕马克思主义大众化事业，展开了新的探索。

一 北京时期艾思奇探索马克思主义大众化的推动因素

（一）时代因素：新中国成立后的客观需要

中华人民共和国政权的建立，开创了中国历史发展的新纪元。特别是1956 年我国完成三大改造，确立了社会主义基本制度，这无疑标志着一个新时代的来临。但新中国成立之初，我国面临的国内外环境不容乐观。从国际环境看，除苏联、东欧和亚洲人民民主国家以及部分西欧国家承认我国新政权，支持和援助我国革命和建设外，以美国为首的大多数资本主义国家则对我国采取军事威胁、经济封锁、外交孤立的立场和政策，使得我们在国际舞台上面临许多的挑战和阻碍。从国内环境看，国民党还有上百万部队在西南、华南和沿海岛屿负隅顽抗，在新解放区，国民党溃逃时留下的一批残余力量，与当地惯匪和恶霸势力相勾结，与新生政权相对抗，极大地影响着社会秩序的稳定。加上新中国在经济上继承的是生产萎缩、市场混乱、投机猖獗、失业众多、民众困苦的烂摊子，我国面临着迅速恢复国民经济、有步骤地废除封建土地制度的土地改革运动、铲除反动政权的社会政治基础、克服帝国主义、封建买办的思想影响等多方面的深刻社会变革任务。因此，为巩固政权、恢复和发展经济，动员大家齐心协力，支持和投入到社会改革的各项实践中来，就迫切需要用中国共产党的指导思想即马克思主义来团结和教育全国人民，即推动马克思主义走向大众化。

（二）领导因素：党中央高度重视

新中国成立之初，全国范围内特别是新解放了的大城市，在各大中学、各机关、部队、工厂里，到处掀起了学习马克思主义理论的热潮，这与党中央领导的高度重视是密不可分的。1951 年 2 月，党中央明确指出各级党委宣传部门要"领导或推广马克思列宁主义——毛泽东思想的宣传（包括爱国主义的宣传），领导或推广对反马克思主义的批判。"① 同年 5 月，又指明了"用马列主义的思想原则在全国范围内和全体规模上教育人民。"② 是党的一项基本的政治任务。党中央围绕这一项重要的工作任务进行了周密部署，在全国开展了历史唯物论、社会发展史的学习，与以前任何时期相比，是在更大范围里进行了普及马克思主义的教育。这与解放初期的情况是相符合的，中国革命战争在全国范围内完全胜利了，这固然可喜可贺，但它只是万里长征第一步，严峻的经济建设任务摆在面前，如何建设社会主义的问题成了亟待解决的现实问题，这就需要马列主义理论武器给予指导，帮助我们找到解决实际问题的钥匙，同时，也需要学习与运用马克思主义来提高全国人民的阶级觉悟和思想水平，为我国的社会主义建设打下坚实的思想基础。艾思奇正是积极响应党的号召，按照党中央的部署，调至中共中央党校，担任马克思主义理论教员，为马克思主义大众化事业做了大量工作。

（三）群众因素：百姓呼声热烈

学习马克思主义的蓬勃开展，不仅由于领导方面的鼓励推动，也是由于广大干部、工人、学生、教职员及其他知识分子群众自觉领悟到学习理论的迫切需要。随着中国人民解放战争的节节胜利，人民群众非常渴望认识共产主义和共产党，对马克思主义的平等观、集体主义理念和社会主义思想，对党中央所提出的土地改革、互助合作的集体化经济、民主改革等一系列政策，充满了认知的欲望。同时，人民民主政权的建立，没收官僚资本，农村实行土地改革，等等，这些举措使得人民翻身成为国家的主

---

① 《建国以来重要文献选编》（第 2 册），中央文献出版社 1992 年版，第 77 页。
② 同上书，第 292 页。

人，极大地调动了人民大众走社会主义道路的热情和积极性，中国共产党以其政策的正确性和革命的坚定性，赢得了中国人民的信任。广大民众在社会变革和思想斗争中，逐渐认识到只有坚持中国共产党的领导，信仰马克思主义，才能有效地为恢复和发展社会主义经济而服务，才能与反革命分子、地主阶级、资产阶级进行彻底斗争，开拓社会主义建设的新局面。于是，在中国大地上，出现了前所未有地学习马克思列宁主义的热潮。

（四）思想因素：破除旧思想成为潮流

解放之初，全国的政治解放，并没有带来人们思想领域的彻底解放。帝国主义、封建主义和洋奴买办思想等旧社会的各种居统治地位的敌对意识形态，以及国民党反动派残余分子的种种反共宣传还存在较大的影响，许多人对于国际国内的现状还不是很了解，甚至于保留着错误的或反动的看法，很多干部有功臣思想，还将个人的经验放大，分辨不清正确与错误。如果这些旧的立场、观点、方法不变，这些旧思想不改造，就不可能把马列主义的思想变为行动，就不可能提高全国的思想认识水平，以便为新中国成立之初所开展的轰轰烈烈的抗美援朝、土地改革、镇压反革命的三大运动以及恢复国民经济、推进社会发展的各项建设工作而服务。因而，号召全国学习马克思主义，是一场思想上的革命，是克服各种错误的旧思想影响、为国家谋发展的必然举措。对此，艾思奇先后发表了《学习——思想领域的解放战争》、《论思想改造问题》、《为什么要批判和克服"功臣"思想》、《读〈关于纠正党内的错误思想〉》等一系列的文章，表达了用马克思主义来教育与武装人们头脑、破除各种旧的错误思想的影响。

二　北京时期艾思奇对马克思主义大众化的深入探索

北京时期艾思奇所进行的马克思主义大众化的探索，主要是分不同对象有针对性地普及马列主义和毛泽东思想、参加多时段的理论教育和思想改造活动、以教学、编写教材、哲学批判和争论等多种形式来开展宣传，这三个方面贯彻了艾思奇在北京时期所经历的研究和宣传马克思主义的整个历程，囊括了他所参加的马克思主义大众化的主要内容。

（一）结合不同对象有针对性地普及马列主义和毛泽东思想

新中国成立以后，用马列主义和毛泽东思想来教育广大人民群众，具备了更好的政治保障和社会条件。在党中央高度提倡和精心组织的情况下，学习马克思主义和毛泽东思想的活动在更广泛的层面普遍开展起来，从党的干部到工农群众，从高校教师到青年学生，全面掀起了学习马克思主义和毛泽东思想的热潮。针对不同群体，艾思奇结合他们不同的文化层次和实际需求，采取了不同的学习内容，进行了不同深度的教育。

1. 对工农群众进行社会主义思想教育

工人和农民是广大人民的主体，马克思主义大众化，主要是对工农普及马列主义和毛泽东思想。为此，艾思奇在参加中国共产党所大力开展的各项工农群众的学习活动中，始终注意依据工农群众文化水平普遍较低的特点，通俗易懂地帮助他们认识新生政权，尤其是社会改革新政策，以实际物质利益和情感认同来引导工农群众，使他们感受到社会主义的优越性，自觉拥护中国共产党的领导，坚定走社会主义道路的信念。同时，艾思奇除了在辅导工农做好政策学习的同时，也十分注重哲学学习，他为工农学习马克思主义哲学基本常识和毛泽东的哲学基本思想付出了不少心血。

围绕这一思路，艾思奇在北京时期所经历的参加基层土改、参加"三反、五反"运动、下放河南基层挂职锻炼等人生经历中，相应地从三个层面做了努力：其一，亲自参与基层土改工作。艾思奇早在 1947 年 1 月，就曾围绕解放区的土地改革工作进行过思考，提出了"土改的两个原则：（1）满足贫雇农对土地的要求。（2）坚持团结中农。"① 这两个原则和毛泽东于 1947 年 12 月 25 日在《目前形势和我们的任务》中所讲的土改应注意的两条基本原则是一致的。1951 年 11 月，艾思奇参加了中央组织的土改工作团，被分派到安徽开展土改，担任安徽宿县土改工作团团长一职，负责宿县栏杆区几个乡的土改工作。艾思奇在了解到该县农民世世代代受到封建地主阶级的压迫剥削，生活困苦不堪，日夜渴望和平和土地的情况下，一心为迅速完成宿县这一新解放区的土改运动而奔忙。尤其是在该地出现接连几起因地主、流氓、地痞乘机造谣惑众引起的群众自杀事件后，艾思奇立志要坚决揭露和打击地主分子的谣言和破坏活动，他多次召开群众大会，进行土改总路线"依靠贫农雇农，团结中农，中立富农，有步骤有分别地消灭剥削制度，发展农业生产"② 的广泛宣传，在他看来，

---

① 卢国英：《智慧之路：一代哲人艾思奇》，人民出版社 2006 年版，第 414 页。

② 《建国以来重要文献选编》第 1 册，中央文献出版社 1992 年版，第 303 页。

"党的方针政策不和群众见面，是不能解决实际问题的。"① 因而，在他的带领下，宿县地区的群众在很多次的大会学习中迅速地了解了党的土地新政策，在一系列镇压地主的活动中大快人心，增强了群众的斗志，极大地提高了阶级觉悟。同时，包括艾思奇在内的所有土改工作团成员也都在各种形式的斗争会、诉苦会中，了解了农民的疾苦和呼声，受到了教育和提升，并在与他们同甘共苦的生活中结下了深厚的情谊。其二，撰文揭露资产阶级思想的反动性，帮助工农树立社会主义价值理念。艾思奇于1952年3月16日发表了《认清资产阶级思想的反动性》的文章，通过揭露中国资产阶级的两面性，暴露了资产阶级思想在本质上是如何的反动、腐朽和丑恶，阐明了工农要在"三反、五反"的运动中，同资产阶级腐朽思想进行斗争。实际上，是为工农指明了要在思想上注意消除官僚主义、拜金主义、享乐主义和极端个人主义等错误倾向，树立毛泽东所倡导的"以集体主义和个人利益相结合的原则为一切言论行动的标准的社会主义精神"②以及合作化道路的美好愿景。这些为随后开展的三大改造运动奠定了思想基础，有助于工农群众领会时事政策，参与民主改革与监督，坚定社会主义集体化理念。其三，帮助工农破除迷信，辅导学习马克思主义哲学常识和毛泽东的《实践论》和《矛盾论》。在工农思想深处，时常会受到封建思想的影响，突出地表现为包办婚姻和求神拜佛等现象。为了帮助工农破除封建迷信，相信科学。艾思奇自1958年6月受中央高级党校的动员，下放到河南基层登封县挂职锻炼的前后一段时期，艾思奇在天津仁立、东亚毛纺厂及轧钢一厂等单位和河南登封三官庙等地，辅导数以万计的工人和农民集中学习了马克思主义哲学常识与毛泽东的《实践论》和《矛盾论》，诞生了三官庙这个全国农民学哲学的先进典型，因哲学常识在基层干部和群众中广为普及，而被冠有"哲学之乡"的美誉。同年冬天，响应党中央要求整顿农村人民公社的决议，艾思奇提议把政策学习和哲学学习结合起来，分期分批训练登封县大队党支部书记、队长以及几所中学的校长和各公社的民办教师，最终在中岳嵩山脚下的嵩阳书院，艾思奇参加了所举办的两期马克思主义的短期培训班，以《关于人民公社若干问题的决议》为中心，讲授了马克思主义认识论、历史唯物主义的生产力和生产关系、唯物辩证法的基本知识等专题，辅导学员学习了毛泽东的《矛盾论》、

---

① 卢国英：《智慧之路：一代哲人艾思奇》，人民出版社2006年版，第549页。

② 《毛泽东文集》第6卷，人民出版社1999年版，第450页。

《关于领导方法的若干问题》等著作，为登封县培养了数百名能够运用马列主义和毛泽东思想中的精髓来改进工作方法和领导作风的基层干部以及能够长期带领各公社群众学习哲学的本土师资力量。同时，他还发表了《无限和有限的辩证法》，一方面，肯定了"大跃进"热潮和"人民公社"积极作用；另一方面，也指明了人民公社化运动中出现的高指标、瞎指挥、浮夸风和"共产风"等不正之风，力图引导干部和群众自觉纠正这些错误。

2. 对全党干部进行马克思主义理论培训及工作方法与态度的改进

马列主义是我们党的理论基础，中国共产党则是推进马克思主义大众化事业的重要推动力量，全体党员和干部在马克思主义大众化中起着领导和榜样示范的作用。因而，我们提高全党干部的理论水平，使干部们具有良好的马列主义的理论修养，关乎马克思主义大众化的实际成效。

为了普遍提高党员干部们的马克思主义理论水平，早在1948年7月党中央就发布了《关于开办马列学院的决定》，并于同年10月在河北平山县兴办了马列学院，艾思奇在马列学院担任教员一职，对党员干部们分期分批地进行了马列主义、毛泽东思想的培训指导。后来随着马列学院从河北迁入北平，艾思奇也随马列学院迁入北京。他继续为在党员干部中普及马克思主义而不断努力，他结合党员和干部们的不同文化层次，采取不同的学习目标：其一，对于文化水平较低的党员干部，他更强调"从头学起"，按照由浅入深、循序渐进的教学规律，首先向他们讲解政治常识和马克思主义的基本观点。譬如，中国共产党的历史、新中国的基本政策、马克思主义的劳动观点、生产观点、阶级观点和国家学说等，帮助他们树立正确的世界观和人生观，普及辩证唯物主义和历史唯物主义的基本知识。在此基础上，他发表了《前进一步》一文，号召党员干部们的学习目标要前进一步，要从干部必读的十二本书中再选择几本，譬如选读《列宁主义基础》、《共产党宣言》和《社会主义从空想到科学的发展》等，作为进一步学习的课程，并结合毛泽东思想，结合新中国的纲领政策，来解决工作中的具体问题，领会其中所蕴含的马克思主义的立场、观点和方法，克服教条主义和经验主义错误。其次，艾思奇又发表了《论思想改造》，强调党员干部要结合自身的思想状况，进行思想改造。他结合当时很多老干部存在着的功臣思想，及时撰写了《为什么要批判和克服"功臣"思想》一文，呼吁广大干部只有依靠自我批评和改造才能克服思想错误，真正领会马克思主义关于人民群众创造历史的观点、马克思主义的不断革命论和革命发展阶段论以及马克思主义的平等观，也才能纠正工作态度和工作方法。其二，对于党的中级干部，重点进行辩证法唯物论和历史唯物论的授课。辩证法唯物论和历史唯物论是学习马列主义的关键，也是马克思列宁主义的理论基础。马列主义的根本的立场、观点和方法，正是包含在辩证法唯物论和历史唯物论哲学中的。因而，学习辩证法唯物论和历史唯物论，对于人数上占主体、工作上发挥上传下达作用的中层干部来说，意义重大，有助于启发他们自觉地检查并改正与辩证法唯物论和历史唯物论原理原则相违背的思想方法、工作方法和工作作风，纠正认识上的主观性、片面性和表面性以及脱离群众等毛病。为此，艾思奇作为一名理论教员，也积极参加了为党的中级干部进行的培训，并撰写了《马克思列宁学院二部对党的中级干部进行哲学教学的经验》，以便发扬光大。其三，对于党的高级干部，则向着"培养较多地懂得马克思主义、又有一定的文化水平、科学知识、词章修养的秀才"①而奋斗，进行系统的马克思主义理论教育。为了给党的高级干部打好马列主义理论的基础，艾思奇等理论教员参加了59届、60届、61届这三届学员的培训，每届学制四年，两年半的基础课和一年半的专业课。他们反复辅导学员学习了中共党史、世界史、中国史、哲学、政治经济学、时事政策、党的建设、毛泽东著作等内容，尤其是结合各种实际问题来分析所学的马克思主义理论知识、给"秀才班"做问题解答、用中共党史来引导学习毛泽东的所有著作，这些努力极大地推动了马列主义和毛泽东思想在党的高级干部中间的普及。

3. 对高校师生进行政治理论课的辅导和思想改造的引导

新中国成立之初，很多旧大学的知识分子，包括一部分老教授，在思想信仰上存在着很多封建的、资产阶级的和小资产阶级的思想，信奉的大都是黑格尔哲学、康德哲学、中国孔孟的儒家哲学等唯心主义哲学，如何将他们引向以马克思主义和毛泽东思想为核心的新世界观，这不是一件容易的事。若要实现思想上的根本转变，必须经历一场深刻的思想斗争。于是，清华大学、北京大学等高校领导按照党中央的部署，邀请了很多专家来校开展这方面的工作。艾思奇便是受邀对师生们进行以马克思主义和毛泽东思想为主要内容的政治理论课辅导的教员之一。他在清华大学、北京

---

① 卢国英：《智慧之路：一代哲人艾思奇》，人民出版社2006年版，第655页。

大学等高校讲授了马克思主义哲学、社会发展史、毛泽东著作和党的各项方针政策等内容，作过很多次报告，尤以"艾思奇三进清华园"在当时激起极大反响。他采取的不是向师生进行灌输或者批评斗争的办法，也从不以教育者自居，而是与教授和学者们广交朋友，召开座谈会，不拘形式地交流，进行正面引导和说理。对于学生，他强调以自学和讨论为主，在学生自学和讨论前后辅以启发报告和答疑解惑。此外，艾思奇还会选择一些令人困惑的主题，譬如，人的三观问题、宗教问题、时势和英雄的关系问题等，耐心细致地在课堂或人民广播电台作重点讲解或集中解答。座谈会、解答报告、广播收听成为艾思奇在高校普及马克思主义和毛泽东思想基本知识的最主要方式，这些辅导方式生动活泼，深受高校师生们的欢迎，极大地促进了他们自觉地进行自我教育和思想改造。艾思奇帮助了很多老教授最终转变了思想，使他们不同程度地接受了马克思主义的观点，也参与培养了一大批信仰马克思主义和毛泽东思想的青年教员和学生，使他们在思想上、情感上都发生了变化，掌握了马克思主义的立场、观点和方法。

（二）参加多时段的马克思主义理论大众化教育和毛泽东思想大众化宣传

马克思主义大众化不是一蹴而就的，广大民众需要经历很多次学习、宣传和领悟的过程，才会获得成效。新中国成立以后，我党组织开展了很多次全国范围内的普及马克思主义和毛泽东思想的学习运动，艾思奇始终按照党中央的部署积极响应，为马克思主义和毛泽东思想在全国的普及奉献着一己之力。艾思奇所经历的近18年的北京时期，即从1949年初抵达北平到1966年3月艾思奇逝世，他几乎始终在为马克思主义理论大众化教育活动和研究、宣传毛泽东思想走向大众化而不懈努力。

关于艾思奇所从事的马克思主义理论教育活动，大概经历了三个时段：第一个时段是从1949年初开始到1952年底大体结束的全国范围内的"历史唯物论—社会发展史"的学习以及思想改造运动。第二个时段是从1952年底至1956年底，全国社会各界掀起的"辩证唯物主义和历史唯物主义"学习热潮以及对胡适实用主义与梁漱溟的哲学思想的批判活动，这是继解放之初的学习和思想改造运动后的第二次马克思主义理论教育活动。第三个时段是1959年秋至1965年底，艾思奇参加了全国"秀才班"

的系统培训活动，这是他在北京时期所参与的第三次较大规模的马克思主义理论教育活动。可见，这三次理论活动几乎贯穿了他所经历的整个北京时期。

艾思奇在全国范围的《历史唯物论—社会发展史》学习中，为了推进学习取得大众化成效，一方面，他自己尽可能挤出时间在马列学院为各期学员进行了通俗易懂、切合实际的《历史唯物论—社会发展史》讲解。"从劳动创造人讲起，讲到劳动创造人类社会、劳动群众创造历史，讲到生产力和生产关系的矛盾运动，讲到阶级斗争、人类社会的发展，产生五种社会形态，讲到革命、政治和国家，最后讲社会意识，用马克思主义的历史唯物主义原理，概述了人类社会的发展史。这样一个体系结构，对于刚刚解放了的人民群众，对于刚刚学习马克思主义的干部和知识分子，是非常切合需要的。"[1] 正如原山东地级干部刘子正曾这样评价他的讲课"深入浅出、使人听得入迷。"[2] 原中央党校中国哲学史教授艾力农说："艾思奇同志讲课是朴实的，不讲求声色，但非常注意联系实际，剖析具体问题细致入理，逻辑性强，每次都能给人一些新意，发人深思。"[3] 同时，他受中央人民广播电台邀请，自 1950 年 4 月 10 日起，到 6 月底期间，为全国人民作了 23 次《历史唯物论—社会发展史》的播讲，后又从 1950 年 7 月 3 日起到 11 月底，从头到尾播讲了第二遍，每周一次，长达 5 个月之久。"据中央人民广播电台统计，从 1950 年 4 月初到 10 月 11 日止，各地机关、团体、学校等组织收听并和电台联系的共有 529 个单位，分布在 25 个省、市、自治区和各大行政区直辖市……此外，还有 30 多个地方人民广播电台转播这个讲座，还有好几个地方人民广播电台用方言播送这个讲座的讲稿……估计听众总数有五十万人以上，甚至说听众百万恐怕也不为过。"[4] 另一方面，他还筹备培训了一大批负责出外讲课的学员，为他们提供了《历史唯物论—社会发展史讲授提纲》、《历史唯物论—社会发展史讲义》和《历史唯物论—社会发展史》等简明扼要、十分易懂的讲课稿。由于讲课稿非常适合初学者需要，因而一版再版，发行量巨大，受到学员和读者们的广泛欢迎。为了便于讲课学员们取得良好的教学成效，艾思奇还在讲

---

① 卢国英：《智慧之路：一代哲人艾思奇》，人民出版社 2006 年版，第 427 页。

② 同上书，第 422 页。

③ 同上书，第 423 页。

④ 同上书，第 425 页。

义前言中说明了"讲的时候,要针对着听众所存在的问题,把内容加以若干的伸缩和调整……根据自己周围学习对象的具体情形灵活应用。"① 这些细致入微的付出,有效地为外出讲课的学员们提供了教学指导,直接推动了马克思主义大众化的成效。"据统计,从1949年5月间开始,到1951年8月第一期学员毕业时,学员讲课单位100多个,共讲1200次以上,听课的人有国家和部队的干部、知识分子、工人、党员、团员等等。"② 这在解放初期,为普及马克思主义基本知识,起了很重要的作用。

在全国范围的"历史唯物论—社会发展史"学习热潮广泛开展的同时,全国范围内的思想改造运动也随之迅速开展。为了使得各阶层人民的思想改造取得很好成效,他奔忙于对党员干部的思想整风、对高校知识分子的思想辅导、对工农群众的社会主义思想教育等活动中,这些活动是他推动和启迪广大人民普遍实现自我教育和改造的重要内容。他所采取的策略主要是在结合不同对象的思想问题,具体指明不同的思想改造方法。其一,对待党员干部的思想改造,主要帮助他们克服以功臣自居的骄傲自满情绪以及官僚主义、命令主义。艾思奇响应党中央于1950年5月1日发出的《关于全党全军进行大规模整风运动的指示》,在他所写的《前进一步》的文章中专门探讨了在党员干部中所开展的整风运动的目的和方法,"目的是要反对一般党员和干部在实际工作中普遍存在着的官僚主义和命令主义的坏作风。官僚主义和命令主义在思想上的实质,就是反马列主义的,就是没有理论与实际的联系,就是脱离实际和脱离群众,就是在执行任务的时候不研究实际工作的情况和群众生活的情况,不是从实际工作和群众生活的客观情况中引出它固有的规律来作为行动的向导,而是用完全主观的、粗暴的方法去对待工作、对待群众。"③ 方法就是"要使一般党员和干部经过阅读文件和检讨工作,具体分析自己周围的实际工作情况和群众生活情况,正确认识其中的内部联系或规律,以便用这些规律知识来指导工作。"④ 在他参与讨论并发表的《为什么要批判和克服"功臣"思想》,副题为《关于"为什么必须克服'功臣'思想"问题的讨论总结》中,挖掘了怀有"功臣思想"者们所误认为的"新民主主义革命的胜利就

①　卢国英:《智慧之路:一代哲人艾思奇》,人民出版社2006年版,第424页。

②　龚士其:《杨献珍传》,中共党史出版社1996年版,第156—157页。

③　《艾思奇全书》第4卷,人民出版社2006年版,第130页。

④　同上。

是革命的完成，开始到了享受革命果实的时候"①、"革命是少数英雄豪杰打天下的事业"②、"要求封爵赏赐的情绪"③ 等错误思想，并针对干部们普遍关心的工作分配、生活待遇、学习机会等现实问题进行了解答。其二，对于小资产阶级的思想改造，主要是帮助他们克服"轻视群众、轻视劳动"、"散漫性、无政府无组织"、"超阶级的空想"和"思想方法上的片面性、主观性"四方面的小资产阶级个人主义的思想。艾思奇在 1951年 1 月发表的《论思想改造问题》一文中，指明了小手工作坊老板、小商人、小店主、小员司、一般学校教员、大中学生，都属于小资产阶级的范畴。克服上述谈及的四种错误思想的方法分别是：（1）"引导他们接触工农劳动群众的斗争和参加这些斗争，脱离'离群索居'、'闭门造车'的生活，在自觉自愿的基础上组织经济的合作互助，以及其他适当的集体活动（如学生中的群众活动）。学习马列主义的历史唯物论—社会发展史，使其从思想上认清楚劳动人民在历史中的地位。"④ （2）"耐心地正确地领导他们参加适当的组织行动，使他们能够亲身体验到集体行动的利益，并用民主集中制的思想和社会发展史的知识来提高他们的认识。"⑤ （3）"需要逐步地推动他们参加各种革命政治斗争的群众活动，同时学习历史唯物论的阶级斗争观点，使他们把自己的若干亲身的体验和理论的了解相结合。"⑥ （4）"要使有教条主义毛病的知识分子接触实际，研究实际，多向实际方面学习，也要使有经验主义毛病的实际工作者认真读书、认真研究革命的政策，多多地向理论方面学习，同时都要学习辩证唯物主义和历史唯物主义，以便较有系统地研究和了解什么是正确的思想方法。"⑦ 其三，对待工农的思想改造，主要是帮助他们克服小农的保守主义思想、封建官僚主义和小资产阶级享乐主义等错误思想的长期毒害。方法是结合土地改革、抗美援朝、"三反""五反"运动、"合作化道路"等，对工农进行时事政策教育。"工人阶级必须一方面经常地反对自己思想中的非工人阶级

---

① 《艾思奇全书》第 4 卷，人民出版社 2006 年版，第 502 页。
② 同上书，第 503 页。
③ 同上书，第 505 页。
④ 同上书，第 458 页。
⑤ 同上书，第 459 页。
⑥ 同上书，第 460 页。
⑦ 同上书，第 461 页。

成分的思想，另一方面又不断学习马列主义—毛泽东思想。"① "农民可以经过合作社的道路，跟着工人阶级走入社会主义社会，避免再受压迫和剥削，而获得自己的彻底解放。"② 其四，对待民族资产阶级的思想改造，主要是帮助他们克服思想上存在的革命斗争中的两面性与动摇性、克服政治上存在的反动的改良主义思想和行动、克服经济上存在着的官僚资本主义影响下的投机性与盲目性。具体方法是"发挥其对于反帝反封建革命斗争及新民主主义国家建设能起积极作用的方面，批判其对于革命的两面性、动摇性以及经济活动中盲目投机的有害思想，使其在反帝反封建的革命斗争及新民主主义国家建设工作中能保证一定的积极作用。"③ 通过以上具体地启发思想改造，艾思奇等理论工作者有效推进了全国范围内的思想教育活动，使马克思主义在各类群体中得以广泛普及。任继愈先生曾这样说道："艾思奇把马克思主义普及到大学、高等研究机构……他的功绩是卓越的，我就是闻道较迟，接受启蒙教育的一个。"④ 卢国英同志也曾这样评价农民的思想改造成果："群众的阶级觉悟有了很大的提高。"⑤ 刘子正曾这样描述党员干部们的学习成果："绝大多数学员都受到不同程度的教育，提高了革命的觉悟，起到了转变世界观的作用。"⑥

　　全国范围内掀起的"历史唯物论—社会发展史"的学习以及思想改造活动，使广大民众普遍对马克思主义有了初步认识，为马克思主义大众化奠定了良好的基础，但要使马克思主义理论实现真正意义上的大众化，需要经历很多次不断深入与强化的学习过程。1952 年底至 1956 年底全国社会各界掀起的"辩证唯物主义和历史唯物主义"学习热潮以及全国范围内的对胡适实用主义与梁漱溟的哲学思想的批判活动，是第二次马克思主义理论教育活动，它使马克思主义对大众的影响更加深入与普遍。艾思奇在这第二时段的马克思主义理论教育活动中，一方面，他结合政界、科学界、文艺界等多个职业领域的学员实际情况，采取不同的教学内容和方式，进行正面宣传教育。譬如，艾思奇在马列学院校内结合政界学员们

---

① 《艾思奇全书》第 4 卷，人民出版社 2006 年版，第 463 页。

② 同上书，第 462 页。

③ 同上书，第 453 页。

④ 同上书，第 467 页。

⑤ 卢国英：《智慧之路：一代哲人艾思奇》，人民出版社 2006 年版，第 549 页。

⑥ 同上书，第 422 页。

（在当时主要指在马列学院受训的县级以上或部队团级以上干部）思想上尚未根治的片面性、主观性、表面性，缺乏群众观点和明确的阶级分析观点等毛病，他积极深入大众，从布置动员到讲课辅导、深入班组参加讨论，再到指导学员写思想总结，每一步他都亲力亲为地引导他们转变到马克思主义的群众立场上来，启迪他们把检查个人工作和思想作为学习理论联系实际的中心环节和自学马列主义最有效的入门方法，并设法引导他们开展互助批评与自我批评，联系自己亲身经历的实际工作经验、工作方法和工作作风进行必要的思想斗争，以领会马克思主义理论中的原理原则，克服易犯的经验主义和教条主义错误。同时，他在校外为科学界、文艺界各单位进行辩证唯物主义和历史唯物主义的授课，他也力求结合中科院科学家与科学工作者、文艺界作家与艺术家的特点与实际，对科学研究、许多文艺现象中的问题，运用辩证唯物主义和历史唯物主义基本原理逐一做出解释。正如卢国英同志所说："讲课要根据不同的听课对象，这是艾思奇一贯坚持的一条基本原则。而这条原则正是理论和实际结合这条总的根本原则的体现。"① 显然，随听课对象的不同作出教学上的灵活调整，有利于推进辩证唯物主义和历史唯物主义基本原理在社会各界的现实运用。另一方面，艾思奇积极参与了20世纪50年代中期党中央和毛泽东发起的一场全国范围内的反对资产阶级唯心主义、封建复古主义的斗争，他在深刻揭露与通俗解读胡适的实用主义、梁漱溟的哲学思想上，作出了很大努力，集中体现在他发表的《批判胡适的实用主义》、《胡适实用主义哲学的反革命性和反科学性》、《对梁漱溟哲学的批判》等文章中。艾思奇重点选取了胡适和梁漱溟著作中容易误导人的用语，譬如，他对胡适所强调的"实验室的态度"、"经验"、"一点一滴的进化"等迷惑人的字眼，对梁漱溟所使用的"生命派的哲学"、"佛教的唯识论"、"现量—非量—比量"、"伦理的调和、平衡、中庸"等晦涩难懂的术语，逐一地进行解读，揭露了他们所犯的形而上学、主观唯心主义以及历史观上的改良论或倒退论等错误，以便广大民众对这些反马克思主义的基本思想形成清晰的认识，树立唯物辩证地、历史唯物地看问题的习惯与方法，这对辩证唯物主义和历史唯物主义在广大民众中的普及也是大有帮助的。

　　1959年秋至1965年底，艾思奇参加了对党中央和毛泽东发起并建立

---

① 卢国英：《智慧之路：一代哲人艾思奇》，人民出版社2006年版，第533页。

的"秀才班"进行系统理论培训的活动。"秀才班"是从全国各地挑选出来的具有一定理论功底的干部，他们是推动全国实现马克思主义大众化的重要骨干力量。因而，将其培养成较多地懂得马克思主义的理论干部，从某种程度上来说，也是推动马克思主义大众化的重要举措。艾思奇从1959年下半年到1965年底，除了编写中国第一本哲学教科书《辩证唯物主义和历史唯物主义》以外，他将主要精力都放在了对"59届、60届、61届"三个"秀才班"的集中授课上。每一个"秀才班"全部学制四年，有两年半的时间学习党史、哲学、政治经济学、时事政策等基础课程，一年半学习专业课。艾思奇从学习布置到讲课辅导，再到课堂讨论、总结，教学的每个环节，他都亲自参加、直接领导。为了给学员以深入浅出的教学辅导，他主讲了哲学、中共党史、中国史、世界史、社会发展史、经济地理等基础课程的基本知识，总结回答了"秀才班"普遍困惑的辩证法问题，非常简练地主讲了《反杜林论》、《自然辩证法》、《马克思恩格斯关于历史唯物主义的信》等经典名著的主要问题和基本思想，并从新的角度作了很多次引言报告，譬如，他从哲学高度主讲了党史引言，从研究历史方法论角度讲了社会发展史引言，从有争议的几个问题上提纲挈领地讲授了历史唯物主义引言。此外，他还经常组织学员参观考察，带领学员们深入工厂、农村作一些调查研究，联系实际地领会马列主义的精神实质。这次马克思主义理论教育活动中，艾思奇不仅讲课次数创历史新高，而且涉及内容也是历史上最为广泛的一次。

关于艾思奇所从事的对毛泽东思想的大众化研究和宣传，大概也经历了三个时段：第一个时段是1950年初至1958年初，兴起了全国学习毛泽东的《实践论》和《矛盾论》的热潮。它是由《实践论》（1950年12月）、《矛盾论》（1952年4月）这两篇重要著作的发表而引发的学习热潮。第二个时段是1958—1960年上半年的"大跃进"期间，工人方面从上海求新造船厂开始，农民方面从河南登封县三官庙乡等地方开始，迅速地普遍到全国很多城乡，兴起了全国工农兵学习毛泽东的《实践论》、《矛盾论》、《关于正确处理人民内部矛盾的问题》等代表作的热潮。第三个时段是20世纪60年代，兴起了全国干部学习毛泽东著作的热潮，进一步围绕毛泽东的《实践论》、《矛盾论》、《关于正确处理人民内部矛盾的问题》，进行了广泛而深入的学习。

为了使毛泽东的哲学思想深入人心、走向大众，艾思奇作出了不少努力：其一，他从不同角度写了很多篇阐释毛泽东哲学著作的文章。譬如，在第一时段全国普遍学习毛泽东的《实践论》和《矛盾论》的热潮中，他所发表的《毛泽东同志发展了真理论》、《关于〈实践论〉和学习方法的一些问题》、《〈实践论〉与关于哲学史的研究》等一系列文章，分别从真理问题、学习方法、哲学史等不同侧面阐释了《实践论》，既帮助全国人民结合当时的土地改革、抗美援朝、镇压反革命等时事，形成了对"实践"一词的正确认识，也使他们更深刻地了解到《实践论》是一篇关于探讨如何在变革实践的行动中来克服主观盲目性的认识论与方法论著作，从而启迪广大民众在农业、工业、医学、工程建设、政法、经济、历史、文艺等不同行业领域的相应岗位上，加强应用《实践论》提供给我们的认识方法，即始终遵循"实践、认识、再实践、再认识"① 这种循环往复以至无穷的规律，努力"从感性认识提高到理性认识，再依据实践的结果考察我们的理性认识是否符合于客观事物的发展规律，以便能够改正和补充我们的认识。"② 而他所发表的《学习〈矛盾论〉，学习具体分析事物的科学方法》、《从〈矛盾论〉看辩证法的理解和运用》、《关于〈矛盾论〉几个问题的解答》等文章，又从科学方法、辩证法运用、读者普遍关注的问题等方面，细化了对《矛盾论》的解读，启迪着广大读者养成善于分析各种具体矛盾的习惯，并根据社会各阶段的主要矛盾变化，根据新中国社会各阶级的特点与我国在政治、经济、文化、思想和军事等不同领域的矛盾斗争形式以及斗争的对抗性与非对抗性，灵活调整解决矛盾的方法，具体问题具体分析，运用对立统一法则来正确地处理各种矛盾问题。而艾思奇在第二时段所开展的工农学习毛泽东哲学著作的过程中，他所发表的《工人和哲学》、《学习哲学的群众运动》、《认识客观规律，鼓足革命干劲》、《无限和有限的辩证法》四篇文章，则是从工农在工厂车间进行生产或在田间进行劳作的实践中所遇到的各种问题的角度，进一步解读了毛泽东的《实践论》、《矛盾论》、《正确处理人民内部矛盾的问题》和《改造我们的学习》等著作。艾思奇以"两参一改"（即干部参加劳动、工人参加管理，改革不合理的规章制度）为例，强化了实践重要性，也促进了生产关系与生产力这一对矛盾的解决；艾思奇结合工农生产中所存在的高指标、瞎指挥等不正之风，运用唯物辩证法，向广大工农说明了正确认识毛泽东

---

① 《艾思奇全书》第 4 卷，人民出版社 2006 年版，第 521 页。

② 同上书，第 495 页。

所提出的"鼓足干劲,力争上游,多快好省地建设社会主义"① 总路线的重要性,有助于工农认清在高度发挥人民群众的主观能动性的同时还需正确认识客观规律,养成实事求是的态度与习惯。艾思奇还强调了要用处理人民内部矛盾时采用的"团结—批评—团结"的公式来处理工人间、农民间、领导与被领导之间的不和,要依据具体问题具体分析的原理来改造工农干部的思想方法和工作作风,并通过宣传天津钢铁厂的田祯祥、仁立食品厂的马国荣、印染制版技术的发明家赵桂荣等一批善于寻找矛盾运动并不断解决矛盾的榜样典型,帮助工农树立了在矛盾运动的找寻与解决中促进生产发展的理念。这些都使毛泽东的著作精髓能融于具体行动,为广大工农所熟悉与应用。艾思奇在第三时段的学习热潮中,他又从党的历史和经验这些新的角度,撰写了很多阐释《实践论》、《矛盾论》和《正确处理人民内部矛盾的问题》的文章,集中体现在《党史引言报告》、《〈实践论〉、〈矛盾论〉在党的历史发展中的作用和意义》、《世界观问题》等讲话稿和《学习〈实践论〉辅导报告》、《学习〈矛盾论〉辅导报告》中。其中,《〈实践论〉、〈矛盾论〉在党的历史发展中的作用和意义》一文,是从党的历史来考察了毛泽东诸多著作的诞生背景、写作原因、意义和作用,《世界观问题》一文,是从这三部著作在党史上的地位进行了概括,这些都有助于大众对这些代表作形成总体性认识,给人以新的启迪。

其二,艾思奇更多地以讲课的形式,宣传毛泽东的哲学思想。为了有效推进毛泽东哲学思想的普及,在第一时段掀起的学习毛泽东思想热潮中,艾思奇四处奔走,他不仅受邀给北京、天津、南京等全国各地的许多单位主讲过毛泽东的哲学思想,而且给全国的党员干部、工人、农民、群众以及兄弟党的领导人和国际友人讲解过《实践论》、《矛盾论》等代表作。为了有效辅导他们的学习,他曾对大家提出的几百个问题,都做了研究归纳,逐一进行解答,往往解答问题竟要占去讲课的一半时间。他多次参加不同对象的小组讨论会,听取他们的不同意见,及时修改自己的看法并更新到讲课当中。他奔波于全国各地,有时一天之内往返两百余里,连续讲课长达5小时,听众更是座无虚席,每次均达数千人。艾思奇宣传毛泽东思想的极大热情和实事求是的态度,影响和感染了很多人。在第二时段的工农学习热潮中,他曾分期分批组织过基层干部开展以《关于人民公

---

① 《建国以来重要文献选编》第18册,中央文献出版社1998年版,第138页。

社若干问题的决议》为中心，结合毛泽东的《实践论》、《矛盾论》、《关于领导方法的若干问题》等著作进行过学习，作过《关于社会主义制度和哲学问题》、《关于思想方法、工作方法的问题》等报告，他也曾到天津、北京以及其他许多城市的工人中间，以上海求新造船厂为学习典型，向广大工人宣讲过毛泽东的哲学思想。他为了带领农民学好哲学，他坚持认真调查研究他们的学习情况，悉心听取群众的学习心得，阅读群众学习的文章，最终三官庙乡被称之为"哲学之乡"，成为全国农民学哲学的先进典型，并很快影响到全国各地的农民学习，这里面有艾思奇的功劳。而1959年下半年至1965年底的第三时段的学习毛泽东思想的热潮中，艾思奇不仅在北京马列学院为来自全国各地的理论干部进行集中教学，先后做了很多次有关《党史引言报告》、《〈实践论〉、〈矛盾论〉在党的历史发展中的作用和意义》、《世界观问题》的报告，专门回答了学员们普遍感到困惑的疑难问题，集中体现为后来整理而成的《谈谈毛泽东对马克思主义哲学的主要发展》、《论对立统一规律是辩证法的核心》、《略谈毛泽东对量变质变规律的贡献》，等等。而且，他还为中国文联、解放军总参谋部、高等军事学院、海军正师级以上青岛学习班等校外许多单位和学习组织，进行了《实践论》、《矛盾论》、《正确处理人民内部矛盾的问题》等著作的讲解。为了便于学员们准确又迅速地掌握毛泽东代表作的精髓，艾思奇做了很多的提炼工作，譬如，艾思奇在《〈实践论〉、〈矛盾论〉在党的历史发展中的作用和意义》中，十分精练地概括了《实践论》、《矛盾论》的中心思想，即《实践论》的中心思想是"不断地从经验里面学习、实践、认识、再实践、再认识，不断地循环往复，每循环一次，都使我们的认识达到一个新的阶段。"[①]《矛盾论》的中心思想是"辩证法的方法，分析矛盾的方法。"[②]后来，他又在《世界观问题》的讲课中，以主标题的形式，旗帜鲜明地指出《实践论》的中心是讲实践，《矛盾论》的中心就是一分为二的辩证法，这比起他在《〈实践论〉、〈矛盾论〉在党的历史发展中的作用和意义》中的概括又前进了一步，更加言简意赅，清晰明了，易为大众所掌握。同时，艾思奇也十分擅长借鉴毛泽东所采用的形象用语来实现大众化效果。例如，艾思奇在《党史引言报告》中，为启迪大众坚持《实践论》中彻底的唯物主义原则，他对毛泽东提出的许多唯物主义的口号进

---

① 《艾思奇全书》第8卷，人民出版社2006年版，第526页。

② 同上书，第549页。

行了重点说明，如他所说："'没有调查就没有发言权'、'有的放矢'、'实事求是'、'从实际出发'等等，这是实际工作中的唯物主义原则。"① 同样，他引用毛主席概括的"两点论"、"两条腿走路"来说明矛盾分析法，在《正确处理人民内部矛盾的问题》中，他用毛主席概括的"一切事物都有矛盾"、"每一事物的发展自始至终都有矛盾"、"具体矛盾具体分析"来形象地表达矛盾的普遍性和特殊性，这些简短精悍的用语是艾思奇从唯物论代表作《实践论》和辩证法代表作《矛盾论》中提炼和总结出来的精髓，是最易为大众传唱的。艾思奇在《学习〈实践论〉辅导报告》中，引用毛泽东所解释的"通过眼耳鼻舌身、睁开眼睛看一看，用耳朵去听一听，用鼻子嗅一嗅，用舌尝一尝，用自己的皮肤接触一下"② 来说明感性认识的来源，用毛泽东在加工改造感性材料上的十六字方针"去粗取精、去伪存真、由此及彼、由表及里"清楚地说明了感性认识上升为理性认识过程中可以采用的具体方法。艾思奇推动毛泽东哲学思想走向大众化的这些努力，充分地反映在他这一时期的每次讲课中，案例不胜枚举。

（三）通过教学、编写教材、哲学批判和争论等多种形式展开宣传

北京时期，艾思奇除了结合不同对象有针对性地宣传、多时段地广泛推进马克思主义和毛泽东思想外，艾思奇还从途径和方法上着手，采取了教学、编写教材、参加哲学批判和论争等多种形式来推动马克思主义大众化。

教学是艾思奇宣传马克思主义的主要途径。艾思奇在党的最高学府里担任哲学教研室主任、副校长等职，但他始终坚守在哲学理论教员的岗位，被人们亲切地称呼为"艾教员"。艾思奇主要是从哲学领域来推动马克思主义大众化。他从解放初期主讲历史唯物论—社会发展史和推进思想改造开始，进而在科学界、文艺界、政界等社会各界主讲辩证唯物主义和历史唯物主义，再到党校内外主讲马克思主义哲学经典名著和毛泽东的哲学思想，他在北京长达近 18 年的工作和生活历程中，他的主要时间和精力，都用在了讲课和教学辅导上。艾思奇在延安，在高级党校讲课多年，经验丰富，他的课堂不同于系统讲授或向学生灌输的方式，而是以启发式

---

① 《艾思奇全书》第 7 卷，人民出版社 2006 年版，第 330 页。
② 《艾思奇全书》第 8 卷，人民出版社 2006 年版，第 809 页。

教学为主。以学生自学和讨论为主，教师则在开始时作点启发报告，在学生自学和讨论后再解答问题。他的课堂气氛生动活泼，深受师生们欢迎。任继愈主编的《艾思奇在旧大学普及新哲学的功绩》，汪子嵩、黄楠森等人主编的《艾思奇同志与北京大学》，均不同程度地描绘了艾思奇的授课情况。如《艾思奇同志与北京大学》一书中所说："艾思奇同志经常讲，我们讲课、做文章，既要持之有故，又要言之有理，还要行之有效。几句话就深入浅出地讲清楚了马克思主义的科学性、逻辑性和实践性，给人以深刻的经久不忘的印象。"[1] 除了传统的面对面教学方式外，艾思奇于新中国成立之初还在教育部政治教育司的安排下，定时在北京人民广播电台作过内部广播，负责讲解马克思主义理论重点议题或集中答疑解惑，各校师生从收音机收听，这可能是新中国成立后最早进行的电化教学，在当时也是很受欢迎的。据统计，收听单位遍布 25 个省、市、自治区和各大行政区直辖市，还有 30 多个地方人民广播电台转播了艾思奇的讲座，初步估计，听众就有百万之多。可见，无论是传统教学，还是电化教学，艾思奇始终致力于马克思主义大众化事业，他是功不可没的。

编写教材，是艾思奇宣传马克思主义的另一种途径。新中国成立初期，马克思主义理论工作者们在宣传马克思主义时，除了悉心解读马克思、恩格斯的原著外，也有效借鉴了苏联的教科书和苏联专家的讲义，这对学习与宣传马克思主义发挥了不小的作用，但它始终具有局限性，不能紧密反映中国的实际。因而，编写具有中国特色的、能够紧密结合中国革命与建设实际的教科书，对当时的中国来说，无疑是一项迫切的任务，也有利于推动马克思主义走向大众。艾思奇在 1955 年至 1956 年间，曾编写了一本紧密结合中国革命实际和具有中国特点的哲学讲义《辩证唯物主义讲课提纲》，这本书是一本相当系统的、发行量也相当大的哲学教材。但遗憾的是它仅仅涉及辩证唯物主义，对历史唯物主义没有论及。到了 1960 年初，党和国家决定组织力量编写中国自己的高等院校文科教材，艾思奇积极响应并主持了中宣部在中央党校召开的哲学教科书编写研讨会，他和人大的肖前、李秀林，北大的高宝钧，社科院的邢贲思、中央党校的韩树英、王哲民、艾力农、卢国英等同志，就当时编成的人大本、北大本、上海本、中央党校本等各个版本的哲学教材，交流了经验和体会。这些版本

---

① 汪子嵩、黄楠森、张友仁：《艾思奇同志与北京大学》，载《一个哲学家的道路》，云南人民出版社 1985 年版，第 180—185 页。

的教材各有优点，也各有不足，因而，编辑一本反映时代精神和中国特点的全国统一的哲学教材，成为一项必要性的工作。哲学教科书编写组的学者群体，以艾思奇为主编，分工负责各章的编写，集思广益，反复修改，最终编成了《辩证唯物主义和历史唯物主义》这本高质量的哲学教科书。艾思奇作为主编，设计了该书的体系结构，确定了结构篇章，具体指导了章节撰写中的各种问题，为这本书付出了不少心血。这本书的出炉，将直接促进马克思主义哲学的普及事业。正如艾思奇曾在 1962 年秋给中国人民大学的演讲《关于哲学教科书的一些问题》中所说："我们编写教科书的目的，是为了给学习哲学的同志讲解一些马克思列宁主义哲学的基本知识，不是要写一本学术讨论的著作。"① 因而，教科书中使用中国式的语言、简练通俗地阐明马克思列宁主义哲学的一般原理、联系中国革命和社会主义建设来阐释基本知识点，就不足为奇了。就语言方面来说，教科书使用了很多中国式的语言，譬如，讲到主要矛盾问题时，教科书中强调不能"胡子眉毛一把抓"，而应像"弹钢琴"一样，十个指头的动作要有节奏，要互相配合，要抓住中心，全面安排。讲到质量互变规律时，教科书中采用了"胸中有数"的方法，讲到否定之否定规律时，谈到了"将欲取之必先予之"的方法，讲到认识论时，又采用了"解剖麻雀"、"百花齐放、百家争鸣"来说明认识论。即使引用了经典原著中的语句，也会用中国式的通俗语言加以阐释，使中国读者读起来感到亲切、易懂。而在联系中国实际方面，教科书具有显著的中国色彩，正如卢国英同志所说：它"全面而又深刻地反映了马克思主义哲学在中国的发展、相当紧密地联系了中国革命和建设的历史经验的实际、联系了中国历史和中国哲学史的实际、非常注重马克思主义哲学的方法论意义和在中国方法论上一系列创造"②，通过这些实际问题，相当清晰、完整地阐述了马克思主义哲学原理，使读者看得清楚、明白，因而该书出版后，成为高等院校、党校、干校普遍使用的教材，售出数量远超 200 万册，成为广大干部、知识分子、群众的热门读本，受到了读者的普遍欢迎。参与到社会各界、党内外知识分子、广大人民群众对胡适实用主义、梁漱溟哲学思想等资产阶级唯心主义的批判洪流中，以及参加哲学领域曾发生的"三大论争"为代表的许多争论，是艾思奇宣传马克思主义的又一种有效方法。20 世纪 50 年代中期

---

① 卢国英：《智慧之路：一代哲人艾思奇》，人民出版社 2006 年版，第 689 页。

② 同上书，第 691—694 页。

起，艾思奇积极响应毛泽东在党的七届六中全会上所指出的"要把唯心论切实地反一下，准备搞三个五年计划……使我们广大干部同人民能够用马克思主义的基本理论武装起来"①的会议精神，撰写了《胡适实用主义批判》、《胡适实用主义哲学的反革命性和反科学性》、《批判梁漱溟哲学思想》等文章，对胡适实用主义和梁漱溟的哲学思想从认识论、方法论、历史观、实质等方面进行了揭露，并以作报告的形式进一步批判唯心主义、宣传唯物主义。同时，艾思奇自50年代中期起，也围绕"如何理解过渡时期的经济基础和上层建筑问题"、"恩格斯究竟是肯定还是否定思维和存在的同一性问题"、"一分为二和合二为一的问题"这三个主题，进行了三次大争论，从1953年起，到1965年，经历了十多年的时间。由于受到历史条件的限制，"三大论争"这一学术争论，最终与政治斗争扯上关系，使三大论争的主要代表人物艾思奇和杨献珍同志，都受到了不同程度的迫害，后人应谨遵历史教训，使真理在学术的范围内愈辩愈明。无论是艾思奇参加的对资产阶级唯心主义思想进行的批判，还是他参与的三大论争，都在全国范围内掀起了波澜，扩大了马克思主义的影响力，推动了辩证唯物主义和历史唯物主义的广泛传播，也有利于人民大众学会在实际生活中摒弃形形色色的资产阶级思想，同主观主义、个人主义以及腐化堕落的思想进行斗争，掌握正确的马克思主义基本观点、立场和方法，自觉地拥护社会主义建设和社会主义改造事业。

三　北京时期艾思奇对马克思主义大众化的历史贡献

艾思奇在北京时期对马克思主义大众化的贡献主要表现在理论教育培训、教材编写、深入研究与传播毛泽东思想这三个方面。

（一）教育了广大民众并培养了大批革命干部

新中国成立后，艾思奇、胡绳等许多理论工作者和高校教师们共同努力，通过教学、写文章、作报告、广播宣讲等多种形式，在高等院校、党政机关、社会各界都进行了马克思主义的宣讲与普及。艾思奇参与指导过1949年初至1952年底全国范围内的"历史唯物论—社会发展史"的学习与思想

---

① 卢国英：《智慧之路：一代哲人艾思奇》，人民出版社2006年版，第523页。

改造运动，使广大干部、群众和知识分子受到了不同程度的马克思主义教育，使很多具有唯心主义倾向的人们也自觉地站到马克思主义的立场上来，如北京大学任继愈教授后来在谈起艾思奇时，感慨道："艾思奇同志向广大社会、向群众普及哲学，人们早已熟知。他在新中国成立后，把马克思主义普及到大学、高等研究机构，与知识分子广交朋友，似未引起注意。当时形势下的哲学普及工作，十分艰巨。把本来站在唯心主义阵营的大批旧知识分子引导到马克思主义一边来，固然由于整个革命形势决定的，但他的功绩是卓越的。"① 随后，艾思奇也参与指导过 1952 年底至 1956 年底的全国学习辩证唯物主义和历史唯物主义的热潮以及对胡适实用主义与梁漱溟的哲学思想的批判活动。据统计，仅 1956 年，参加高级组理论学习的干部共约 24000 人（包括少量党外干部），内有地委书记以上的干部 10000 人左右……其中，省委副书记以上的干部主要学习辩证唯物论和历史唯物论、政治经济学两门课程；参加理论学习的中级组干部共约 40 万人，其中县委副书记以上应入中级党校的干部约 7 万人左右；参加初级组理论学习的共约 210 万人，其中区委副书记一级以上应入初级党校的干部共约 21 万人。② 艾思奇从 1959 年秋至 1965 年底的六年时间内，还为全国"秀才班"的培训倾注了大量心血。通过数以百计教员们的努力，最终为中央各部、省、县三级培养理论干部和党的高中级干部作出了贡献，培养了一批较多地懂得马克思主义、又有一定的文化水平、科学知识、词章修养的理论干部，为马克思主义大众化事业不断推向前进提供了强大的人才储备。

（二）编写了具有中国特色的马克思主义哲学教材

艾思奇在他所经历的北京时期，主编了《讲课提纲》和《辩证唯物主义和历史唯物主义》两本具有中国特色的马克思主义哲学教材，这是他在这一时期推进马克思主义哲学大众化的重要成果，也是他从哲学领域来推进马克思主义走向大众而作出的重要历史贡献。这两本书具有很高的理论价值和现实意义，就理论价值而言，它们都对马克思主义哲学原理作过系统的阐述，《讲课提纲》被评价为"中国第一本有系统的马克思主义辩证

---

① 任继愈：《艾思奇在旧大学普及新哲学的功绩》，载《人民的哲学家》，云南人民出版社 1997 年版，第 34 页。

② 中共中央组织部编：《组织工作文件汇编》（内部发行），中共中央宣传部编印，1955 年，第 490 页。

唯物主义哲学教材"①，而《辩证唯物主义和历史唯物主义》则被评价为"中国人自己编的第一本系统而完整的马克思主义哲学教科书"②。同时，书本内容紧密结合着中国的具体实际和中国人的思想，充分吸取毛泽东哲学思想，较以往理论著述而言，无疑增添了许多新内容。就现实意义来说，它结束了中国人在自己的课堂上使用苏联马克思主义哲学教科书的历史。艾思奇主编的《讲课提纲》和《辩证唯物主义和历史唯物主义》，与于光远主编的《政治经济学》、任继愈先生主编的《中国哲学史》等教材，一起成为 20 世纪 60 年代中国人自己编辑出版的优秀马克思主义书籍。仅论艾思奇所出版的这两本教材，它们在出版后，便获得了普遍的欢迎。《讲课提纲》发行量巨大，仅第一次重印，印数就达二十七万三千册左右，而《辩证唯物主义和历史唯物主义》印刷，则达 15 次以上，总数远超二百万册。它们成为当时各高等院校、党校、干校哲学教员讲课和学生学习的重要参考教材，是推动马克思主义大众化的生动力量。

　　仔细研究艾思奇所写的《讲课提纲》一书，可以发现，艾思奇从体系构建、内容阐述原则两个方面，为将马克思主义哲学引向大众，做出了有效的探索与尝试。一方面，他在体系构建上突破了苏联哲学教材的体系结构，更加注重章节间的有机联系。他突破了斯大林《辩证唯物论与历史唯物论》中先讲辩证法四个特征、后讲唯物论三个特点的体系设置，在编著《讲课提纲》时，他选择将哲学的基本问题分列为《讲课提纲》的前三章进行简要阐明之后，他紧密围绕"什么是正确的认识？如何才能获得正确的认识？"这一思路主线，将辩证唯物主义内容分六章进行了清晰的阐述。关于这种构思的原因，他在前言中做了清楚说明："学习辩证唯物主义，主要地就是要在思想上明确地、深刻地解决这样的两个大问题：（1）什么是正确的认识？（2）如何才能获得正确的认识？即要通过什么道路和采用什么方法，才有可能获得正确的认识？"③ 因而，《讲课提纲》的第四、五章解决的是前一个问题，第六、七、八、九这四章解决的是后一个问题。显然，这样的体系构建，非常便于我们认清哲学的中心问题是认识的问题。而这一点，在以往的哲学教材包括苏联的哲学教科书、讲义中，都不明确，但艾思奇在《讲课提纲》的前言中鲜明地指出了"掌握正确的认识

---

① 卢国英：《智慧之路：一代哲人艾思奇》，人民出版社 2006 年版，第 500 页。

② 同上书，第 697 页。

③ 《艾思奇全书》第 6 卷，人民出版社 2006 年版，第 657 页。

方法或思想方法既是学习哲学的中心任务，因此，也可以说，认识的问题，就是哲学的中心问题。"① 这是艾思奇为方便大众理解马克思主义哲学而作出的创造性概括与贡献，这便于人们有意识地琢磨每一项哲学原理作为认识方法的意义。另一方面，他在内容阐述原则上，克服了苏联教科书和专家讲义不能结合中国实际的重大缺陷，凸显了中国特色的显著优点。这也是艾思奇编写哲学教材的首要出发点。艾思奇在《讲课提纲》的前言中开宗明义地指明了教育工作者们在使用这本教材时应注意研究中国特色，如文中所说："在使用这个提纲的时候，应该按照理论联系实际的原则，对中国共产党的各方面的政策，党领导广大人民的历史斗争经验以及社会主义建设的经验，国内国际的各项新的问题，科学界的重要成就，学习哲学的人们的思想和工作情况，等等，进行必要的研究，结合着这样的研究来讲述和领会辩证唯物主义的各项基本原理。"② 这便于启迪人们运用哲学原理来解决我们所遇到的革命问题、生产问题、思想斗争问题等多种实际问题。而仔细研读艾思奇所写的《辩证唯物主义和历史唯物主义》一书，不难发现，艾思奇、马清健、艾力农、卢国英等理论工作者们为推动马克思主义哲学大众化，做了进一步探索。在体系结构上，全书分为绪论、上篇（辩证唯物主义）、下篇（历史唯物主义）三部分的篇章纲目，清晰地呈现了辩证唯物主义和历史唯物主义的全部内容。在内容编写上，以艾思奇为首的理论工作者们既侧重于宣传马克思列宁主义哲学的基本知识，也注重突破当时国内外许多哲学教科书所存在的不简明扼要的缺陷，比较简明扼要地阐述了马克思列宁主义哲学的内容。正如艾思奇在 1962 年 10 月受邀给中国人民大学哲学系所作的讲话中，曾论及哲学教科书："内容的阐述应力求简明扼要；联系实际力求避免用很多的、繁杂的例子，只要能够说明问题就够了。"③ 还注意引用中国式语言来形象地说明马克思主义基本原理。例如，用"有的放矢"来形容理论联系实际；用"胡子眉毛一把抓"来讽刺处理矛盾时不分主次先后、轻重缓急；用"两点论"来形容分析矛盾的方法；用"两条腿走路"形容正确处理各种关系的正确方法。这些大多来自人们所喜爱的毛泽东的《实践论》、《矛盾论》、《关于正确处理人民内部的问题》等著作的基本思想，鲜明地反映了马克思主义

---

① 《艾思奇全书》第 6 卷，人民出版社 2006 年版，第 657 页。

② 同上书，第 656 页。

③ 《艾思奇全书》第 8 卷，人民出版社 2006 年版，第 101 页。

哲学在中国的发展，这大大超过了苏联一些哲学教科书的水平。以上这些探索，大大推动了马克思主义哲学在中国的发展，对马克思主义大众化所起的作用，也是毋庸置疑的，这些都应算作艾思奇等理论工作者们对马克思主义大众化所作贡献的具体内容。

（三）扩大了毛泽东思想在大众中的影响力

艾思奇在新中国成立之后，加大了对毛泽东思想的研究和宣传力度，他在 20 世纪五六十年代，一直忙于深入研究、阐发和宣传毛泽东思想，向全国广大干部、知识分子和群众，通俗易懂地宣传了毛泽东的诸多代表作，用毛泽东的世界观和方法论教育一代人，为毛泽东思想的大众化作出了贡献，扩大了毛泽东思想在大众中的影响力，这也可以算作艾思奇对马克思主义在中国广泛传播的进一步深入与发挥，是艾思奇于北京时期对马克思主义大众化的又一项突出贡献。

艾思奇在新中国成立后写了很多篇从不同角度阐释毛泽东哲学著作的文章。譬如，当《实践论》和《矛盾论》重新发表后，他从真理问题、学习方法、哲学史等不同侧面阐释了《实践论》，又从科学方法、辩证法运用、读者普遍关注的问题等方面解读了《矛盾论》，之后，随着毛泽东的《正确处理人民内部矛盾的问题》的发表，他还从党的历史和经验的角度，撰写了很多阐释《实践论》、《矛盾论》和《正确处理人民内部矛盾的问题》的文章。他所发表的《毛泽东同志发展了真理论》、《关于〈实践论〉和学习方法的一些问题》、《〈实践论〉与关于哲学史的研究》、《学习〈矛盾论〉，学习具体分析事物的科学方法》、《从〈矛盾论〉看辩证法的理解和运用》、《关于〈矛盾论〉几个问题的解答》、《党史引言报告》、《〈实践论〉、〈矛盾论〉在党的历史发展中的作用和意义》等一系列文章，当 1960 年 9 月 30 日《毛泽东选集》第四卷出版后，艾思奇又从世界观的角度写作了《进一步学习掌握无产阶级世界观》，这些均是艾思奇多角度阐释毛泽东思想的集中体现，也是艾思奇留给我们学习毛泽东思想的宝贵材料。他的《党史引言报告》、《〈实践论〉、〈矛盾论〉在党的历史发展中的作用和意义》、《世界观问题》、《学习〈实践论〉辅导报告》等讲话稿以及他为推进毛泽东思想大众化而采取的分对象召开小组讨论、提炼著作精髓、有重点地答疑解惑、深入不同地点展开调研等实践经验，都成为艾思奇推动毛泽东思想深入人心的重要经验，也是他为扩大毛泽东思想在大众中的影响力而作出的贡献。某种程度上，艾思奇通过讲课、撰文、作报告等多种形式，将毛泽东思想中所凝练的思想精髓更进一步引向了大众，譬如，"实事求是"、"从实际出发"、"有的放矢"、"没有调查就没有发言权"、"两点论"、"两分法"、"胸中有数"、"群众路线"，等等。这些是毛泽东将马克思主义基本原理具体化为行动哲学的鲜活案例，是毛泽东的独有贡献。而艾思奇则通过他的努力，进一步宣传了这些内容，使得大众能很轻松地掌握毛泽东思想的精髓。因而，我们说艾思奇扩大了毛泽东思想在大众中的影响力，是毫无疑义的。

此外，艾思奇自1950年初至1953年初重新修改了《大众哲学》，使之在体系、结构上更为系统、完整，在内容上更加准确、贴近实际，整本书的质量有了很大的提高，这也是艾思奇在这一时期对马克思主义大众化的又一项贡献。

四　北京时期艾思奇探索马克思主义大众化的困境

（一）历史条件的限制

新中国成立初期，由于受国民经济基础薄弱、民主法治不健全、急于寻求国际认可与支持等客观国情的影响，再加上攻坚克难、赢取胜利后，人们时常自然而生的领袖崇拜等情绪的影响，我国在社会主义建设的探索中，逐渐出现了贪多求快、急于求成、盲目遵从、个人崇拜等普遍的群众社会心理。很多事情都会与国家的政治、与党中央的方针政策、与领导人的言论挂钩，这为之后的"大跃进"、"整风反右运动"和"文化大革命"的发动埋下了祸根与隐患。受这种历史条件的限制，艾思奇在北京时期所开展的马克思主义大众化运动中，也必然要与这些不利因素展开斗争。20世纪五六十年代所发生的哲学领域的三大论争上纲到政治之高，挫伤同志之重，都是空前的。尤其是后两次争论，即恩格斯究竟是肯定还是否定思维和存在的同一性问题以及"一分为二"和"合二而一"之争中，由于康生的插手捣乱，使学术论争变成了政治迫害，艾思奇险些在第二次论争中被打成右派，杨献珍在第三次论争中则遭受了更大的批判和迫害，甚至坐牢流放。教训是惨重的。

（二）阴谋家的恶意中伤

随着全国的解放，中华人民共和国的成立，本应迎来更加民主、开放的话语环境，更加平等、友善的学术探讨空间，可让人想象不到的是，艾思奇在北京时期却遭到了阴谋家陈伯达、康生的排挤打击与蓄意攻击，首先是陈伯达于 1953 年 7 月一手炮制了《艾思奇同志过去在教学工作和科学研究工作中的缺点与错误的检查报告》（简称《报告》），掀起了一场批判艾思奇与《大众哲学》的风波，以各种莫须有的罪名强加于艾思奇，譬如，在"领袖产生的必然性偶然性问题"上大肆歪曲艾思奇的本意，引发对艾思奇种种不利的舆论。在"十月革命和中国革命异同问题"上混淆是非，把艾思奇对矛盾的同一性与差异性的正确理解扭曲为机械地看待差异就是矛盾。这种颠倒黑白、不实事求是的态度，使人感到荒诞无稽。尤其是《报告》重点批判了《大众哲学》，"到处散布《大众哲学》没有一页没有错，是机械唯物论，早已过时了"[①]，说艾思奇是"靠一本书吃饭，是'书痴'，'很懒'，'教条主义者'"[②]。他极尽讽刺挖苦和打击之能事，利用权力和影响，寻找所谓的种种"根据"，鸡蛋里挑骨头，对艾思奇本人及其著作进行恶意中伤，使艾思奇经历了人间冷暖、酸甜苦辣的遭遇，承受了很多的委屈和不公对待，也直接导致《大众哲学》新版本遭遇禁止出版的厄运，没有在社会上产生很大影响。事实上，这本自艾思奇 1950 年至 1953 年完成修改的新版本，在理论内容上已有了很大的改进与提升，并与时俱进地充实了很多新东西，显然要优于老版本。可由于窃取党内大权的阴谋家陈伯达、康生之流恶意批判《大众哲学》，使之生不逢时、命运多舛，直到 1979 年才正式出版，禁闭了近 30 年。而 1957 年春夏之交至1958 年 4 月中旬结束的中央党校整风反右派运动中，艾思奇之所以遭遇挨整命运，则是康生及其妻子曹轶欧干扰、破坏所造成的不幸。他们煽风点火，把矛头直指艾思奇，仅仅一些学术争论，就会上升到政治原则问题，并施压威逼艾思奇承认所谓的"错误"，致使党校教研室内部的矛盾冲突不断升级，斗争激烈，这给艾思奇等很多位党校工作人员在精神上造成了很大的困扰与摧残，甚至有些人被直接打成右派分子，蒙冤二十多年，直至十一届三中全会之后才得以平反。以上这些无疑给艾思奇等一批理论工

---

① 卢国英：《智慧之路：一代哲人艾思奇》，人民出版社 2006 年版，第 139 页。

② 同上书，第 138 页。

作者推进马克思主义大众化的事业带来了灾难，使马克思主义大众化事业蒙受了损失，也构成了艾思奇本人在北京时期推进马克思主义大众化事业中的现实障碍与困境。

（三）"左"倾思潮的影响

　　新中国成立后，我党由于社会主义建设经验不足，对经济发展规律和我国经济基本情况认识不充分，加上中央和地方不少领导同志在胜利面前滋长了骄傲自满情绪，急于求成，夸大了人的主观意志的作用，从而，1956 年 11 月的八届二次会议上提出了"鼓足干劲、力争上游，多快好省地建设社会主义"① 的总路线，随之在全国出现了"大跃进"运动和农村"人民公社化"运动，这一"左"倾错误使全国上下都受到了普遍影响，在工厂生产、农业耕种中，在广发干部群众的头脑中，普遍出现了以高指标、瞎指挥、浮夸风和共产风为主要标志的严重错误。在全国热火朝天的干劲下，要保持清醒的头脑，运用马克思主义唯物辩证法来分析看待问题，在肯定和赞扬群众的热情、干劲的同时，还能看出不正之风的严重性，是不容易的。就连艾思奇这种具有深厚功底的马克思主义者也曾受到过这种"左"倾思潮的影响，正如韩树英回忆所说："艾思奇的思想也经历了一个变化的过程，刚下去时大跃进已经开展得轰轰烈烈，看到这种情况很高兴，头脑比较热，但是，很快就冷静下来，发现了运动中许多违背唯物辩证法的事，首先是高指标、浮夸风，后来又发现了'一平二调'的'共产风'等等"②。可见，广大干部、群众要从思想深处肃清"左"的错误，扭转这一局面，也需要经历一个认识的过程。那么，艾思奇、韩树英、吴秉元等同志在他们下放河南期间，在他们辅导工农干部和群众学习马克思主义与毛泽东思想的过程中，必然要根据不同对象的实际情况，引导他们克服"左"倾思潮，在实践的验证中看清客观规律。只有所有理论工作者和广大民众共同努力，才能摆脱"左"倾错误这一个思想局限性的影响，实现马克思主义大众化。

---

① 《建国以来重要文献选编》第 15 册，中央文献出版社 1997 年版，第 265 页。
② 卢国英：《智慧之路：一代哲人艾思奇》，人民出版社 2006 年版，第 580 页。

第五章　艾思奇探索马克思主义大众化的
特点、经验、反思及启示

艾思奇的理论生涯开始于20世纪二三十年代，历经抗日战争、解放战争和新中国成立后的社会主义革命与建设等历史变革，他之所以能随着历史变动而不断进步，在马克思主义大众化事业上取得许多重要成绩，这与他对马克思主义大众化探索的特点、经验是分不开的。我们应逐一梳理他留给我们的这些宝贵遗产，结合当今改革开放和社会主义现代化建设实际，及时总结艾思奇对马克思主义大众化的探索带给我们当今的现实启示。

一　艾思奇探索马克思主义大众化的主要特点

（一）整体性：马克思主义大众化与中国化、时代化的整体推进

艾思奇一生都在从事对马克思主义大众化的探索，但这种探索并不是孤立的过程，而是与马克思主义中国化、马克思主义时代化相互关联、整体推进的过程，这构成了艾思奇对马克思主义大众化进行探索的突出特点。

我们仔细观察艾思奇人生中所经历的三个时期，即上海时期、延安时期和北京时期，不难发现，马克思主义"三化"是密不可分、相互影响的同一个过程。上海时期，艾思奇不仅开创了马克思主义大众化先河，写出了《哲学讲话》、《大众哲学》、《哲学与生活》等一大批受大众欢迎的通俗化论著，他在社联与《申报》流通图书馆工作期间阅读和解答了小职员、失学青年、失业工人等许多读者的现实困惑，为推动马克思主义大众化事业作出了杰出贡献，而且，艾思奇还为马克思主义中国化、时代化不懈努力，他写了《现象·本质》、《飞机到哪里去了?》、《内战的阴影》、

《从"洋八股说起"》、《中国戏剧与武生》等大量揭露国民党腐败和抨击现实生活以及统治阶级丑恶现象的文章，和郑易里于 1935 年 10 月开始合译了苏联著名哲学家米丁主编的《辩证法唯物论》，从而打破了广大群众特别是革命的知识分子缺乏学习资料的情况，对于马克思主义的传播，进而实现马克思主义的普及化、中国化、大众化都起到了十分重要的作用，随后，他又致力于把新哲学的研究和当时时代最迫切的民族解放任务联系起来，运用新哲学来指导民族解放的问题，出版了《民族解放与哲学》的小册子，促进了马克思主义的时代化。延安时期，艾思奇首次提出了马克思主义哲学中国化现实化的概念，并致力于推进马克思主义全部内容的中国化和现实化。艾思奇在日本侵华战争日益加剧、民族危机日趋严重的时代背景下，为这一时期的国共联合抗战、抗战人才的培养、整风运动等现实问题的解决付出了很多心血，也为毛泽东思想的形成与发展起到了助推作用，大大推动了马克思主义时代化、中国化、现实化的进程。虽然艾思奇在延安时期对马克思主义的探索，主要是从通俗化提升到了中国化现实化的认识高度，但他丝毫没有停止对马克思主义大众化的探索，他主要从马克思主义理论教育、毛泽东思想宣传、革命文艺作品的推广、党群军群的良性互动等四个层面对马克思主义大众化进行了继续探索，使广大民众通过多层次的理论学习培训、革命文艺作品的观摩、党军群关系处理的现实体验等方式，形象生动地、印象深刻地了解了马克思主义的真谛，促进了马克思主义的普及。北京时期，艾思奇深入进行马克思主义中国化的探索，逐步参与解决了全国范围内的马克思主义基础知识的普及、具有中国特色的马克思主义哲学教材的编写、对胡适的实用主义、梁漱溟的反动哲学的批判等当时时代所迫切需要解决的现实问题，有利于深入推进马克思主义中国化、时代化。同时，他在新中国成立之初的"历史唯物论—社会发展史"的学习以及思想改造活动、20 世纪 50 年代中期的"辩证唯物主义和历史唯物主义"学习热潮、20 世纪 60 年代培养马克思主义理论秀才的系统培训活动等多次马克思主义理论和毛泽东思想的学习宣传中，也为普遍武装党员干部、高校知识分子、一般群众等不同对象的头脑作出了贡献，逐步改变了全国人民文化水平良莠不齐的现状，扩大了马克思主义尤其是毛泽东思想在大众中的影响力，使得马克思主义基础知识与毛泽东的《实践论》、《矛盾论》、《正确处理人民内部矛盾的问题》和《改造我们的学习》等代表作的精髓，为大众所熟知，有效地巩固了马克思主义大众化成果。

（二）多维性：助推马克思主义向人民大众的多维渗透

艾思奇对马克思主义大众化的探索，并不是单一地从马克思主义理论本身出发，强行地向大众进行灌输，而是结合他本人在理论研究、文艺宣传、新闻出版、教育培训等多方面的工作经历与优势，多维地进行马克思主义大众化的生动探索，助推马克思主义向人民大众的渗透，这也构成了艾思奇对马克思主义大众化探索的又一个特点。

我们不妨从理论研究、文艺宣传、新闻出版、教育培训这四个不同维度，结合艾思奇在上海、延安、北京的工作经历，对其进行逐一梳理：其一，理论研究维度。马克思主义大众化是艾思奇从事马克思主义理论研究的根本宗旨与最终归宿，因而，艾思奇无论是在上海社联担任研究部长，还是在延安调入中央研究院，抑或是在北京马列学院从事理论研究与宣传，他对理论研究服务于大众起到了有效的助推作用。譬如，他担任研究部长期间，秉承社联在组织工作上面向大众的原则，经常深入工农教育委员会和工人读书班，通俗地为群众普及马克思主义。当他调至《申报》流通图书馆读书指导部工作时，又利用《申报》的"读书问答栏"为群众解答困惑，从内容阐述贴近群众生活、写作手法技巧化、宣传形式多样化等方面，力求实现马克思主义大众化。他在中央研究院工作期间，艾思奇在整风运动中又为马克思主义尤其是中国化马克思主义的成果（毛泽东思想）的大众化，进行了很多有益探索，他通过挖掘毛泽东著作中的精髓、解读毛泽东在延安时期所说的经典语句，来使大众轻松地掌握了毛泽东思想。艾思奇在北京马列学院从事理论研究时，又进一步深入探索了马克思主义和毛泽东思想的大众化问题，诞生了《历史唯物论和社会发展史讲授提纲》、《历史唯物论—社会发展史讲义》、《历史唯物论—社会发展史》、《辩证唯物主义和历史唯物主义》等简明易懂、全面系统的理论研究成果，从学习方法、哲学史、生产劳动、矛盾斗争和党的历史经验等不同侧面阐释了《实践论》、《矛盾论》、《正确处理人民内部矛盾的问题》和《改造我们的学习》等毛泽东的代表作，为理论研究服务大众作出了不少贡献。其二，文艺宣传维度。艾思奇以文艺为载体来宣传马克思主义，也是他探索马克思主义大众化的维度。艾思奇对马克思主义大众化的最初思考，是由20世纪二三十年代的文艺大众化热潮而引发的。此时的艾思奇身处上海，他参加了 1936 年 6 月在上海成立的"中国文艺家协会"，他集中很大一部分时间，研究了中国的文化问题，喜好与文艺界人士保持密切往来，也十分重视他们对大众化的语言、形式、体裁、内容、技术等问题的研究成果，更主张采用话剧、诗歌、音乐、连环图画等大众喜闻乐见的形来式表现马克思主义，他相继写了《文艺的永久性与政治性》、《诗人自己的道路》、《连环图画还大有作为》等文章，表达了他通过文艺来宣传马克思主义的思想。当他在延安担任中央文委秘书长兼陕甘宁边区文化协会主任，负责主持文化工作期间，他和文艺界人士一起，以文艺为载体、以抗战为主题，大力推进了马克思主义革命理论的大众化运动，助推了《兄妹开荒》、《白毛女》、《雷雨》、《日出》、《阿 Q 正传》、《打渔杀家》、《逼上梁山》、《三打祝家庄》、《血泪仇》、《延安颂》、《生产大合唱》、《黄河大合唱》、《咱们的领袖毛泽东》等深受百姓喜爱的优秀文艺作品的诞生，他还亲自给京剧《逼上梁山》、秧歌剧《惯匪周子山》、《钟财起家》等写剧评，并在《谈延安文艺工作的立场、态度和人物》、《抗战文艺的动向》、《从春节宣传看文艺的新方向》、《旧的恶习惯应该抛弃》等文章中，强调了文艺工作者们要为革命的政治目的而服务、要从工农大众的现实生活中找寻写作素材的思想，这一时期他通过文艺这一载体传播马克思主义，已经走向娴熟。到了北京时期，艾思奇又于 1956 年夏秋之间为文艺界做的报告《社会历史首先是生产者的历史》当中，结合《诗经》、楚辞、唐诗、元曲、《水浒传》、《红楼梦》和鲁迅的《呐喊》、《彷徨》以及新中国的文艺作品《保卫延安》、《龙须沟》、《三里湾》等文艺作品，说明了全部文艺史都是社会存在的反映。同时，他将《红楼梦》和《儿女英雄传》进行对比，说明了文艺作品只有站在人民的立场，反映社会发展前进的趋势，暴露现实的矛盾冲突，才是与马克思主义世界观一致的。他还强调文艺家要推陈出新，对旧艺术遗产加以整理、改造、提高，从而创作出崭新的东西，从而说明文艺有前后继承与发展的规律性，这与社会意识现象本身发展的历史继承性是一致的。此外，艾思奇还在谈文艺创作时，论述了人民群众的实际生活是创作的源泉。这次讲课彰显出艾思奇不仅熟谙历史唯物主义的原理，而且反映了他对诸多文艺问题的真知灼见。其三，新闻出版维度。艾思奇借助新闻出版平台发表了很多关于马克思主义理论与中国现实的优秀著作，譬如，他在上海担任《读书生活》杂志编辑期间，出版了《大众哲学》、《如何研究哲学》、《思想方法论》、《哲学与生活》等通俗读物。随后，艾思奇在延安担任《中国文化》主编时，不仅自己发表了《论中国的特殊性》、《五四文化运动的特点》、《当前文化运动的任务》等很多篇有影响力的文章，还促使该杂志办得有声有色，囊括了毛泽东、周扬、何思敬、冼星海、林默涵、范文澜等著名学者和文艺家所写的哲学类、政治类、文化类等不少有价值的文章。之后，当他调至《解放日报》报社任副刊部主任以及后来升至总编期间，艾思奇又发表了他的重要文章《〈中国的命运〉——极端唯心论的愚民哲学》，撰写了《血肉相连》、《难》、《文艺工作者到前方去》、《一个声援》等社论，强化了对反映战斗生活的文艺作品的报道，十分及时地为京剧《逼上梁山》、秧歌剧《惯匪周子山》写了剧评。艾思奇在北京时又主编了中国自己的高等院校的文科哲学教材《辩证唯物主义和历史唯物主义》，和其他理论工作者一起群策群力，成就了中国人自己编的第一本系统而完整的马克思主义哲学教科书，推广了马克思主义哲学基本知识的普及。其四，教育培训维度。艾思奇在上海泉漳任教以及社联工作时，虽然没有进行系统的理论教育活动，但他也曾深入师生中间、深入到工农群众中，进行了读书指导。随后，艾思奇于延安早期在延安抗日军政大学、陕北公学、青年干部训练班、马列学院、中央高级党校等院校为党员干部，在冬学、识字组、剧团、夜校等各种社会教育机构为一般群众，分别进行了多次马克思主义理论培训活动，延安中后期又参加了为整风而开展的全国范围内的理论教育活动，有效地推动了马克思主义大众化。艾思奇在北京时期又结合党员干部、高校师生、工农群众等不同对象，有针对性地普及马克思主义，并于1949年初至1952年底、1952年底至1956年底、1959年秋至1965年底参加了三段长时间的马克思主义理论教育活动，这些极大地促进了马克思主义在全国的普及。

由上可见，艾思奇对马克思主义的努力钻研、对以文艺为载体来宣传马克思主义的无限钟爱、对借助新闻出版平台广泛传播优秀著述的灵活运用、对广大民众进行马克思主义理论教育活动的积极参与，贯穿了他探索马克思主义大众化的整个人生历程，构成了他从多维角度将马克思主义引向大众的显著特点。

（三）技巧性：擅长运用各种技巧来帮助老百姓熟悉马克思主义

艾思奇对马克思主义大众化的探索，并不是盲目地、僵硬地向老百姓灌输马克思主义理论的全部内容，而是有技巧、有方法地向他们宣传马克思主义基础知识。经过多年的摸索，艾思奇尤其是在马克思主义哲学这门马克思主义的基础学问上，已能娴熟地将很多行之有效的方法与技巧应用到自己的教学、写作中去，使得他将马克思主义引向大众时，已彰显出鲜明的技巧性，这也构成了艾思奇对马克思主义大众化探索的第三个特点。

我们不妨梳理他在教学、写作上所凸显的技巧，结合他在上海、延安、北京三个地方的历史探索，作典型说明。首先，艾思奇在教学上是有技巧的。为了实现马克思主义大众化，艾思奇深知讲课必须讲透原理、深入浅出、常讲常新，才能引人入胜。为此，他结合不同时期的所学内容，摸索出了富有个人特色的讲课技巧：其一，运用具体事例讲解抽象内容。艾思奇最初在上海泉漳中学任教时，就擅长运用具体事例来讲解理论内容，卢国英曾回忆道："艾思奇在中学教课，讲得深入浅出，条理分明，他善于把抽象的公式、定理，通过具体的事例的讲解，使大家明白易晓，并引起兴趣。因此，他讲的课很受同学们欢迎。"[①] 虽然这一时期所能搜索的论证材料很有限，但我们从这句教学评价中已能清晰知晓。随后，当艾思奇到延安抗大等学校担任长期的教育培训任务时，他继续坚持了这种特色，集中体现于现今唯独保存下来的艾思奇的两份讲课稿中（即"哲学是什么"和"什么是辩证法"），它们是艾思奇在延安抗大、马列学院等校讲课稿的部分结集。艾思奇在讲稿"哲学是什么"中，以区分哲学与其他科学的不同为例，阐明了哲学是研究事物最一般的发展规律的科学，并以"旱田种不出水稻"、"冬天不适合耕地"、"建筑师撇开力学、物理学规律作不出建筑计划"为例，说明了人必须遵循客观规律。在讲稿"什么是辩证法"中，艾思奇以"细胞的死亡与新生"、"人的旧思想的没落和新思想的生长"、"旧社会的消灭与新社会的产生"等一系列具体事例，生动地解读了事物在没落运动和发展运动的这种互相错综交替中运动的辩证法。正是有了具体事例的阐发，才使艾思奇在延安各高校的讲课更加清晰透彻。正如莫文骅曾这样概括了艾思奇在抗大的讲课情形："他讲课提纲挈领，条理明晰，深入浅出，简明扼要，阐发问题透彻。"[②] 北京时期，艾思奇在给党员干部、高校师生、工农群众进行历史唯物论、社会发展史、唯

---

① 卢国英：《智慧之路：一代哲人艾思奇》，人民出版社 2006 年版，第 52 页。

② 李今山：《缅怀与探索：纪念艾思奇文选（1981—2008）》，中共中央党校出版社 2010 年版，第 258 页。

物辩证法、中共党史、哲学史、逻辑学等一系列内容的授课培训中，常常列举很多事例来通俗地诠释，我们从他的《历史唯物论—社会发展史讲义》、《西洋哲学史》、《辩证法引言》、《工人和哲学》、《党史引言报告》、《社会发展史引言》等讲课稿中可以发现，字里行间有多处"例如"、"譬如"、"举例来谈谈"等字眼，实在不胜枚举，由于篇幅有限，不作赘述。其二，从多个角度讲解同一内容。譬如，艾思奇多次从不同理论视角，讲过毛泽东的《实践论》、《矛盾论》，他在延安时曾从基本理论内容上进行过辅导，后来他在北京工作时，又从党的历史、方法论等新的角度进行了阐发。同时，艾思奇也擅长从不同对象的角度，强化他们对同一内容的掌握实效。他通常"根据不同的对象、不同的题目、不同时代环境的实际，不拘一格，常讲常新，有所前进，有所突破。"[①] 正如他曾多次在党校和中国文联讲过历史唯物主义，但他给文联的讲课，则结合了文艺的实际、文艺的特点、文艺的典型问题，等等，讲出了不同于党校的新内容。显然，这种灵活变化、常讲常新的教学技巧是很有教学魅力的，有助于大众结合各自实际来理解马克思主义。其三，将原理分成专题讲解。以北京时期为例，卢国英同志回忆了艾思奇在当时的讲课情况："艾思奇讲课除了讲'引言'（哲学引言、唯物辩证法引言、历史唯物主义引言等），是从总体来讲之外，一般都是讲某一原理作为一个课题……在讲每一个课题时，都要讲几个问题，其中要讲清这一原理中几个基本概念，然后讲清它们之间的关系，进而揭示人类认识发展的规律性。艾思奇在讲原理时，非常注意不从概念出发，不搞概念的演绎，而是根据历史和事实，加以论证和阐发。"[②] 可见，艾思奇这种结合历史，用事实说话，分专题论证基本原理的方法，能使学员在学习中强化对马克思主义的各项具体原理的透彻认识。其四，鼓励学员多讨论并辅以问题解答。艾思奇十分讲究学习方法上的生动活泼，因而，他在上海时期就十分鼓励学生在读书的过程中多思考、多讨论，并对读者普遍感到困难的问题，进行集中解答。当他在延安具体指导哲学小组时，仍然鼓励小组成员首先围绕一个问题，让大家准备，然后一起讨论。关于哲学小组的这种讨论式的学习方法，卢国英同志有一个回忆："这个小组是依照艾思奇同志的提纲进行学习的……当时的学习讨论会非常严肃认真，大家按照提纲都做了充分准备，发言也很热烈……讨论

---

① 卢国英：《智慧之路：一代哲人艾思奇》，人民出版社 2006 年版，第 895 页。

② 同上书，第 894 页。

会一般由温济泽主持，艾思奇就仔细听大家发言，有时他做一些插话，对某些哲学难点做一些辅导性解释。最后大家总是要求他做一个总结……有时他总结得不太圆满，有同志提出问题，便再进行讨论，他再补充总结，讨论很是生动活泼。"① 艾思奇在北京时期为"秀才班"讲课时，时常根据不同班级的不同特点与文化水平，给予不同深度的问题解答，对他们普遍提出的疑问则作专题解答或系统讲解。可见，艾思奇所实行的这种教学技巧是贯穿始终的。

其次，艾思奇在写作上也是富有技巧的。大致归纳起来，有三个方面：其一，用最形象生动的事例来说明最抽象的原理。艾思奇在写作中擅长运用大众耳熟能详的事例来诠释最深刻的道理。譬如，艾思奇在上海时期写作《大众哲学》时，用喜剧大师卓别林与德国法西斯独裁者希特勒外表的相似与本质的不同，说明感性认识和理性认识的矛盾；用"照相机"来比喻说明"反映论"；用"无风不起浪"来论述事物普遍联系的规律；用孙悟空"七十二变"说明本质与现象间的关系；用"雷峰塔倒塌"说明量变发展到一定程度就会引起质变，等等。之后的延安时期，艾思奇又用"林冲被逼投奔梁山"来说明主动抗战的意义，体现在《逼上梁山》等著作中。北京时期，艾思奇在《历史唯物论—社会发展史讲义》中，用"楚汉相争中刘邦的获胜"来说明得民心者得天下的道理。事例不胜枚举，吸引了无数读者的眼球。其二，用最通俗易懂的语言来表述最深刻的哲学思考。艾思奇在写作中擅长引用人们最熟悉的日常俗语，使道理变得简单明白。譬如，他在上海所写的《大众哲学》中引用了"天晓得"、"抬杠"、"笑里藏刀"、"守株待兔"等词汇来说明哲理。他用"天晓得"表述宿命论，间接说明了人类认识的有限性，进而告诉人们要想取得认识上的进步，就必须通过实践才能实现"人晓得"的东西逐渐加多或人的认识不断进步。而"抬杠"一词，艾思奇则用它来比喻感性认识与理性认识之间的矛盾，从而说明"让理性来抬杠"可以使人们的认识更加深刻一些，但同时"让感性来抬杠"可以使理性认识更加形象具体、直观生动。艾思奇用"笑里藏刀"来形容本质与现象的不同，他认为若能把"笑"和"刀"同时看透，那就算是把现象和本质统一地认识清楚了。艾思奇用"守株待兔"来讽刺说明新社会不能坐等，必须经历斗争与努力才能完成

---

① 卢国英：《智慧之路：一代哲人艾思奇》，人民出版社 2006 年版，第 242 页。

社会形态的更替。尔后，艾思奇在延安所写的《不要误解"实事求是"》、《"有的放矢"及其他》、《学习观念的革新》、《怎样改造了我们的学习》等著作，分别引用了"实事求是"、"有的放矢"、"猛火攻、慢火烹"、"事不关己高高挂起"等常用语，来逐一说明思想改造的正确态度、理论与实际的结合、如何把握学习规律以及克服自私自利的小资产阶级思想影响。当艾思奇于北京时期写作《历史唯物论—社会发展史讲义》、《毛泽东同志发展了真理论》、《辩证唯物主义讲课提纲》时，又分别引用了"吃一堑长一智"、"从群众中来、到群众中去"、"一分为二"等口语来分别说明马克思主义的实践观、马克思主义的群众观点、马克思主义辩证法。其三，用最独特的形式来获得最广泛的传播。艾思奇的著作之所以深受人们的喜爱，与他独特的写作形式有关。譬如，艾思奇在上海写作《大众哲学》、在延安写作《家族》、《民族与民族斗争》以及他在北京修订《大众哲学》时，均采用或沿用了文本框式的排版与小品式文章相结合的独特版式。又如，艾思奇在上海写作《如何研究哲学》、《怎样研究自然科学》、在延安写作《哲学"研究提纲"》、在北京写作《社会发展史讲授提纲》时，曾以开处方或列参考书目等形式向广大读者罗列了马克思主义通俗读物清单。这些极具鲜明个性特点的写作，极易引人入胜、推广传播。当然，以上梳理并不能概括出艾思奇一生从事传道授业、著书立说的全部技巧，但却是比较典型的，它们无疑也构成了艾思奇穷其一生来探索马克思主义大众化的特点。

二　艾思奇探索马克思主义大众化的有益经验

(一) 马克思主义人本化——坚持马克思主义的群众观点和群众路线

马克思主义是为无产阶级和人民群众服务的，艾思奇在推动马克思主义大众化的过程中，始终坚持这一项基本立场和出发点。事实上，也只有始终站在人民大众的立场上，才可能真正从事马克思主义大众化的工作。艾思奇之所以成为马克思主义大众化的典范，与他服务于人民大众的目的是密不可分的。

早在上海时期，艾思奇在 1936 年 1 月写作《大众哲学》时，紧密关注中国人民正在经历的抗日民族斗争下失业、失学、生活难等生活现状，体恤中国同胞在敌人的炮火下弄得颠沛流离、无家可归的苦痛。于是，他在 1938 年 2 月发表的《关于〈哲学讲话〉》"四版代序"中，说起了写作《大众哲学》的目的："我只希望这本书在都市街头，在店铺内，在乡村里，给那失学者们解一解知识的饥荒；却不敢妄想一定要到尊贵的大学生们的手里，因为它不是装潢美丽的西点，只是一块干烧的大饼。"① 可见，艾思奇的写作是为人民群众服务的。同时，艾思奇的写作并不仅仅是为人民大众解解知识的饥荒，而是鼓舞人民为民族和个人的生死存亡而战，并为人民的文化、思想斗争提供马克思主义唯物辩证法这种最进步的、正确的哲学思想，尝试以尽人皆知的事例来逐步讲清其中道理。正如他在修订《大众哲学》时曾说："写作这本《大众哲学》，就是想在中国人民的文化、思想斗争方面尽一点小小的力量。其目的，就是想帮助读者研究一下：什么哲学思想是进步的、正确的、合乎真理的、合乎广大人民斗争利益的，什么是反动的、带欺骗麻醉性的、只能帮助帝国主义、封建势力与官僚资本主义势力的……我尽可能用大家日常都知道的事例来说明这些问题，以便大家能够把日常思想中正确有益的思想抓紧，而把错误有毒的思想清除，以便较系统、明确地掌握符合人民大众利益的哲学思想，使我们有可能较正确地认识周围事变的发展情况，更有勇气和信心为广大人民的斗争贡献自己的力量。"② 可见，艾思奇的理论研究是急人民大众之所急，始终以人民的利益为根本出发点的。尔后，艾思奇于 1937 年 4 月写作《哲学与生活》时，继续坚持以人为本，紧密结合群众关心的问题，回答了群众提出的很多困惑，使得《哲学与生活》这本十多篇文章的结集，最终被毛泽东赞誉为艾思奇的"著作中更深刻的书"③，这与艾思奇在写作中深入群众、深入实际，是有直接关联的。此外，艾思奇在担任《申报》、《读书生活》编辑期间，除了撰写和出版《大众哲学》、《哲学与生活》等著作以外，还为回答读者来信、为解答读者提出的疑难问题，做了大量工作，写了很多文章，在人生观、民族解放、联合战线等关系到人们切实利益的问题上，运用马克思主义的唯物论和辩证法给予了科学指导。

到了延安时期，艾思奇在著名的延安整风运动中，始终坚持"惩前毖后、治病救人"的方针，他在 1942 年 5 月发表的《谈讽刺》中，清楚地

---

① 《艾思奇全书》第 1 卷，人民出版社 2006 年版，第 593 页。

② 《艾思奇全书》第 4 卷，人民出版社 2006 年版，第 569 页。

③ 卢国英：《智慧之路：一代哲人艾思奇》，人民出版社 2006 年版，第 211 页。

表明了这种以人为本的态度，重在团结人、拯救人。如文中所言："在同志教育中的讽刺，应该是治病救人，而不是人身攻击。"① 随后，艾思奇在收入《"有的放矢"及其他》一书中的《中国大众的立场》中，在悼念新闻工作者韬奋先生逝世时，鲜明地阐述了他的中国大众立场观，即主张像韬奋先生那样，"善于了解群众的切身要求，体察人民的思想情绪，为群众说出他们心里真正要说的话。"② 只有切实为民众代言，才可能真正纠正个人思想中的各种个人主义的因素，用集体的思想来武装头脑，勇于批评和放弃一切不适合群众需要的思想，这对落实整风运动是十分有益的。同时，艾思奇在担任中央文委秘书长兼陕甘宁边区文化协会主任时，也始终关注群众工作，他写了《群众需要精神食粮》、《人民的军队》、《群众自己的秧歌队》、《美术工作与群众的进一步结合》、《血肉相连》、《难》等很多篇关注群众利益、团结群众的文章，要求群众工作要渗透到部队、文学、艺术等领域中去，学做老百姓的勤务员，全心全意为人民服务，才能为革命工作取得成功做好最坚实的保障。延安时期，艾思奇也会动员群众参加工会、青年救国联合会、妇女联合会、农救会、村学、工人学校、夜校、识字组、读报组等群众组织，呼吁群众自主教育。此外，他在担任延安《解放日报》副刊部主任时，也继承发扬了艾思奇在上海《申报》、《读书生活》等杂志工作时注重联系群众的好传统，将回答读者来信提出的问题作为报刊和群众联系的重要渠道以及办好报刊的一条根本经验。据延安《解放日报》副刊部编辑解清回忆："有些'问答'稿件，一般报纸不很重视，而老艾却亲自动手写，简单明了地解答问题，很受读者欢迎。"③ 显然，副刊若没有艾思奇的亲民思想的直接领导，若不能办出鲜明的群众性特色，是很难办得生动活泼，赢得广大人民喜爱的。

到了北京时期，艾思奇秉承群众路线，始终为群众服务。譬如，他在新中国成立之初就全身心投入于为全国广大干部群众讲解历史唯物论、社会发展史等理论，为他们作报告、写文章，普及提高全国人民的理论素养。由于他身体力行地践行马克思主义要走向群众的理念，分层次给不同对象讲授马克思主义，尽管他曾担任副校长一职，但人们更习惯亲切地称之为"艾教员"。新中国成立之初不久，艾思奇于1951年11月被分配到

① 《艾思奇全书》第 3 卷，人民出版社 2006 年版，第 329 页。

② 同上书，第 482 页。

③ 解清：《想起了艾思奇同志》，云南人民出版社 1985 年，第 148 页。

了安徽土改，他作为土改工作团团长，不仅经常深入到农民家中访贫问苦，深切了解农村的阶级关系与农民生活贫苦、备受地主压迫却苦不堪言的生活状况，而且他还动员所有成员深入农村、走近农民，自觉地参加各种形式的斗争会、诉苦会、号召召开多次群众大会来让党的方针政策与群众见面，及时揭露和打击地主分子的谣言和破坏活动，以改进群众对党的土改政策还不太了解的不利局面。这些举动，无疑是他坚持群众路线的生动体现。"大跃进"期间，他又在下放到河南基层实践锻炼中，继续贯彻了以人为本的方针。他亲自参加了1958年掀起的全国工农兵学习哲学的群众运动，积极动员工人、农民分别向上海求新造船厂、河南登封三官庙乡等典范学习，通过贯彻工厂"两参一改"制度（即干部参加劳动、工人参加管理，改革不适合生产需要的规章制度）、农村普及基层干部与群众的哲学常识等方式，从而发动群众一起想办法，共同解决问题。他本人不仅常去三官庙了解情况，听取教员的汇报、群众的意见，细心地阅读群众教师编写的哲学教材，阅读群众的学习心得，而且，他还选派教员下乡向群众学习，汲取经验，并指导基层干部与群众学哲学。当他看到工厂生产、农村人民公社化运动中存在急于求成、不顾客观规律的问题时，他又写作了《认识客观规律，鼓足革命干劲》、《无限和有限的辩证法》两篇文章，一方面，强调"要把人民群众动员起来，高度地发挥他们的自觉性、积极性。"① 另一方面，又强调要克服"左"倾冒险主义错误在群众中的影响。"要实事求是地根据客观现实可能性来正确地规定工作任务，正确地组织和应用人民力量的科学精神。"②

由上可见，坚持马克思主义的群众观点和群众路线，是艾思奇在他所经历的上海时期、延安时期、北京时期这三个时期中始终不变的一条重要准则，也是他坚持以人为本从而推动马克思主义大众化的一条重要经验。

（二）马克思主义现实化——马克思主义基本原理与现实问题契合

艾思奇在上海时期的成名作《大众哲学》，之所以产生极大的影响，为大众所欢迎，其根本之点就在于它关注和回答了重大现实问题。20世纪30年代的中国腥风血雨，民族危机空前严重，凡是有良知的中国人，无不在思考同一个问题：中国向何处去？中国的出路在哪里？艾思奇运用马克

---

① 《艾思奇全书》第7卷，人民出版社2006年版，第188页。

② 同上书，第195页。

思主义理论，紧密贴近人们的现实生活与思想状况，专门选择了当时人们所遭遇的比较突出的现实问题——失业和生活难问题，给予哲学上的分析。艾思奇在文中通过总结当时人们大致存在的"生无可恋型"、"命中注定型"、"积极面对型"、"漠不相关型"这四种生活态度与思想观，与之相对应地分析了它们各自代表的不同人生哲学：厌世主义；宿命论；现实主义；享乐主义，进而指明人们若要根本扭转命运，就必须认清现实，革命地改变世界。可见，艾思奇通过这种浅显入理的分析，有效宣传了中国共产党的抗日主张，极大地唤醒了民众的抗战热情和对中国共产党的支持与拥护，马克思主义真正成了"解放的学问"。这种对马克思主义的解读，不仅符合大众口味，说出了很多人的真实想法，极大地增强了理论说服力，而且给很多人指明了清晰的生活出路和奋斗方向。正如吴冷西曾道明了他读完《大众哲学》的感受："从具体事例中阐述哲理，打开了我脑海的新天地，从日常生活，国家大事到国际形势，从朦胧中看到光明。虽然我知识很少，但艾思奇同志确实是我的启蒙老师，他启发我要做新青年，要做抗日救亡的先锋，要做改造社会的栋梁。"[1]

　　艾思奇在延安时期之所以继续成为推动马克思主义大众化的尖兵，与他积极参与解决中国现实问题有着直接关系。早在延安初期，艾思奇就正式提出了马克思主义哲学中国化现实化的概念，体现出他对中国现实问题的高度关注，尔后他切实践行着这一理念，投入到了抗日战争的洪流中，参与解决了马克思主义理论人才培养、延安整风运动、批判国民党反动哲学运动等一系列现实问题，尤以当时轰轰烈烈的整风运动最富有影响力。艾思奇在这场著名的延安整风运动中，帮助同志们学习和掌握了马克思列宁主义的思想方法论，特别是用实事求是的方法来反对教条主义与经验主义等主观主义、反对学习马克思主义时只埋头专啃马恩列斯原著而对实际工作的问题毫无研究兴趣的学习观念、反对党内存在的宗派主义以及革命队伍中某些人在文章写作中所存在的言之无物、空话连篇、简单搬用一些革命的名词和术语等"党八股"现象，以解决整顿学风、党风、文风的现实问题，取得了很好的成效。在此，将分学风、党风、文风三方面作具体梳理：首先，实事求是地对待学风问题，反对主观主义以整顿学风。为了有效纠正党内普遍存在的教条主义、经验主义等主观主义错误，纠正不正

---

① 李今山：《缅怀与探索：纪念艾思奇文选（1981—2008）》，中共中央党校出版社 2010 年版，第 271 页。

确的思想方法问题，艾思奇通过写作《反对主观主义》、《谈主观主义及其来源》、《不要误解"实事求是"》、《"有的放矢"及其他》、《学习观念的革新》等很多部著作，鲜明地强调了马克思主义理论联系实际的具体方法：全面发展地看问题、透过现象看本质、具体问题具体分析、在实践中检验真理的标准，等等。仅以具体问题具体分析为例，艾思奇在《反对主观主义》中，针对当时现实中所存在的从马克思、列宁、斯大林的著作中抽取原则或公式来教条式对待马克思主义书本知识的人，艾思奇肯定他们有着一定的书本经验，但并不认为他们就能真正掌握理论，若不与实际问题的解决相结合，就不能算作真正掌握了马克思主义理论。因而，他指明"有书本经验的人"要十分注意克服教条主义的错误，真正掌握马克思主义是"要在不断的实际应用当中才能够存在。"①是"要把马克思主义应用到中国具体环境的具体斗争中去"②，要"研究中国社会中国革命的一切发展规律"③。正如艾思奇所说："反对教条主义，并不是反对阅读书本，而是反对把这种书本理论知识与实际经验相分裂。"④ 同时，针对在干部中普遍存在着的另外一种现象，即有一定工作经验，但容易受局部经验的影响，将局部的经验误认为是普遍真理，习惯于从个别地方的条件和个别地方的经验来考虑和解决问题的情况，艾思奇也在《谈主观主义及其来源》、《反对经验主义》中作了具体分析，指明"有工作经验的人要向理论方面学习，要认真读书，然后才可以使经验带上条理性、综合性，上升到理论，然后才可以不把局部的经验误认为即是普遍的真理，才可以不犯经验主义的错误。"⑤ 他们应"利用各种可能，学习马克思列宁主义的理论"⑥、"尤其要认真研读毛泽东同志的著作"⑦。可见，艾思奇通过对"有书本经验的人"和"有工作经验的人"这两种具有代表性的人物进行分析，非常明了地做了实事求是处理问题的示范，有效解决了党内所存在的教条主义与经验主义等主观主义问题。其次，实事求是地对待党风问题，反对宗派

---

① 《艾思奇全书》第 3 卷，人民出版社 2006 年版，第 287 页。

② 同上。

③ 同上书，第 288 页。

④ 同上书，第 550 页。

⑤ 同上书，第 541 页。

⑥ 同上书，第 549 页。

⑦ 同上书，第 550 页。

主义以整顿党风。宗派主义是主观主义在组织关系上的体现，宗派主义思想严重则不利于全党团结统一，易将个人或小团体的利益放在党的利益之上，这是党性不纯、党风不正的体现。艾思奇在《"有的放矢"及其他》、《谈讽刺》等文章中阐明了党员干部应坚决批判资产阶级自由主义思潮，坚持"惩前毖后、治病救人"的方针，运用批评与自我批评的方式进行思想教育，以达到提高思想认识与整顿党风的目的。最后，实事求是地对待文风问题，反对党八股以整顿文风。针对文风上存在着的"把政治语句变成了空调头"① 的"党八股"现象，艾思奇在《"有的放矢"及其他》、《旧的恶习惯应该抛弃》中给予了专门的探讨："党八股之为党八股，并不因为它有充分的政治内容，相反地却因为把政治语句变成了空调头。充实的政治意识决不是党八股，相反地，在反党八股的旗帜下，向琐末的小事堆里爬行，并离开了政治原则的，倒是走向党八股去的另一极端。"② 并指明了改进的方向："应该用主要的经历放在中国革命史的经验和现在抗战经验的学习上，应该放在自己的工作检讨上，不应该放在小事情的挑剔上——这并不是说不应该揭发和解决那些对工作有影响的小缺点和小问题。把胸襟扩大些，多注意些复杂的政治问题吧。"③ 尤其是在《旧的恶习惯应该抛弃》中，艾思奇更加旗帜鲜明地指出："书本绝不是完全要不得……但不能把这作为创作的出发点，以至于脱离了书本就没有办法提高创作情绪。创作的情绪，主要的应该从人民大众生活的观察和研究中去取得。要能够热爱工农大众的生活，深刻认识他们的生活，由此自然地涌出创作的情绪，自然地发生必须要写出来的要求。"④ 可见，艾思奇对纠正文风上的党八股现象，是立足于现实根基，紧密联系当时的中国抗战实际为出发点的，是对实事求是的进一步贯彻和落实。

艾思奇运用马克思主义原理来说明现实问题，是艾思奇推动马克思主义大众化过程中的重要经验。北京时期，艾思奇已能灵活自如地运用理论来说明实际问题，有两件事给人们留下了深刻的印象。一件是"大跃进"时期关于群众力量有限与无限的问题；另一件就是20世纪60年代初关于领袖思想的真理属性问题（绝对真理和相对真理的问题）。艾思奇自1959

---

① 《艾思奇全书》第3卷，人民出版社2006年版，第319页。

② 同上。

③ 同上。

④ 同上书，第384页。

年 1 月下放到登封的几个月时间，既看到了广大干部和群众对社会主义建设的热情与冲天干劲，也很快认识到"共产风"等不正之风的严重性，为了有效纠正高指标、瞎指挥等不正之风的错误，又同时不打击干部和群众的热情，他写成了《无限和有限的辩证法》，将马克思主义的唯物辩证法思想与"大跃进"现象紧密结合起来，既充分肯定了人民群众力量的无穷无尽，具备创造奇迹的无限的能力，正如他所说："依靠群众，没有克服不了的困难，没有完成不了的任务。"① 同时，他也指明了"这个无限，仍然和有限联系着。在一定时间、一定地点、一定条件下，人民群众的力量的发挥，总有其一定的最大限度。"② 批评了"大跃进"中订出超过现实可能性的过高指标、不顾群众力量有穷有尽、不爱惜群众力量、不节约劳力的"左"的错误，这在当时人们头脑发热的情况下，起到了很好的警示作用。到了 20 世纪 60 年代初，许多干部和群众在学习中提出了领袖思想作为真理的绝对性与相对性问题，特别是如何看待毛泽东思想？这在当时的年代几乎是讨论的禁区，一些人因为说了毛泽东思想既是绝对真理，又是相对真理，被打成了反革命分子，遭受了不公正对待。事实上，艾思奇勇于正面问题，他在 1964 年至 1965 年期间所做的《学习〈实践论〉辅导报告》中就曾说道："马克思主义就是这样，毛泽东思想也是这样，都是有阶段性的，每个阶段都是相对真理，又是绝对真理的一部分。"③ 透彻地说明了正确对待领袖认识的态度，饱含着很大的理论勇气。艾思奇在这两件事情的处理上，熟谙马克思主义原理，得心应手地运用原理来处理现实问题，在当时激起很大反响，具有重要的理论价值与现实意义。

（三）马克思主义通俗化——力求通俗易懂、生动形象、深入浅出

"最高限度的马克思主义＝最高限度的通俗化"④，艾思奇一生都在致力于对马克思主义进行通俗化解读工作，经过多年刻苦钻研与摸索，他已形成了独具个人特色的通俗化风格。纵观他的著作、授课，无不呈现出共同的特点：语言上的通俗易懂、事例列举上的生动形象、道理阐发上的深入浅出。这构成了他推动马克思主义走向大众的又一条重要经验，也是他

① 《艾思奇全书》第 7 卷，人民出版社 2006 年版，第 192 页。

② 同上书，第 193 页。

③ 《艾思奇全书》第 8 卷，人民出版社 2006 年版，第 824 页。

④ 《列宁全集》第 36 卷，人民出版社 1959 年版，第 468 页。

本人之所以成为马克思主义大众化知名人物的重要法宝。

首先，艾思奇在上海时期，就已经创作了许多马克思主义通俗化著作。仅从 1934 年 11 月至 1935 年 10 月的一年时间内，艾思奇就在《读书生活》上每期一篇，连续发表了 24 篇有现实针对性的通俗哲学论文，起初结集为《哲学讲话》出版，后因遭到国民党反动派查禁而更名为《大众哲学》，自《大众哲学》出版后，三年内便出了 10 版，到 1948 年已经出版到 32 版。这本书之所以能深受广大读者喜爱，社会影响力如此之广，与这本书的通俗化特色是有着密切联系的。就这本书的通俗易懂性来说，李公朴先生于 1935 年 12 月在《大众哲学》序言中曾说过："这本书是用最通俗的笔法，日常谈话的题材，融化专门的理论，使大众的读者不必费很大气力能够接受。这种写法，在目前出版界还是仅有的贡献……哲学著作的艰深玄妙的色彩，至少已经在这本书里扫除干净了。这里的哲学，已经算是一般人可以懂得的哲学，而不是专门家书斋里的私有物了。"① 就事物列举的生动形象性来说，《大众哲学》中引用了"卓别林和希特勒的分别"、"追论雷峰塔的倒塌"、"笑里藏刀"、"猫是为老鼠而生的"等大众熟悉的、风趣的内容作标题，生动活泼地阐述感性与理性的矛盾、质量互变律、形式与内容的关系、目的性可能性和现实性的关系等等哲理。关于《大众哲学》在道理阐发上所表现出的深入浅出性，李公朴先生在《大众哲学》序言中也曾以反问的形式予以了肯定。他说："从前的人也看重'出浅入深'的写法，这本书的写法，还不是'出浅入深'的一种么？不过它的形式更近于大众的日常生活罢了。"② 正因为这些通俗化特点，这本书成为人们有效把握马克思主义哲学这门新哲学的入门书。

其次，艾思奇在延安时期为继续推动马克思主义通俗化事业，他不仅在马克思主义理论教育中结合不同对象的文化水平，采取不同的内容解读方式，譬如，针对抗大、陕北公学、马列学院等专业学校的干部，他紧密结合干部的思想与工作实际进行马克思主义理论培训，针对文化水平不高的大多数群众来说，他参与到冬学、夜校、半日校、识字组等社会教育组织机构中施以马克思主义理论教育、生产教育和抗战教育，根据群众的生活经验、觉悟程度和文化水平进行宣传。而且，他在整风运动中还鼓励采

① 《艾思奇全书》第 1 卷，人民出版社 2006 年版，第 589—590 页。

② 同上书，第 590 页。

用"专司捣蛋的五通神"、"最凶顽的牛魔王"① 等各种民间的传说、使用群众所能理解的日常用语（如"晒不死的棉花、下不死的南瓜"②、"三百六十行、行行出状元"③、"劳动英雄顶秀才"④ 等），列举尽人皆知的人物（如劳动模范吴满有、民族英雄岳飞，卑鄙龌龊的小人物宋朝秦桧、明朝吴三桂、民国袁世凯等），以及采用通俗的、生动活泼的文艺形式（例如借助文学、美术、音乐、戏剧、舞蹈、电影等）来从正面或反面进行马克思主义大众化宣传，特别是通过地方性的歌谣、戏剧、秧歌、说书等，来帮助广大人民群众对马克思主义理论、中国共产党的政策、口号产生兴趣，深入浅出地把马克思主义精髓运用于革命实践中去。

最后，艾思奇在北京时期，一以贯之地坚持马克思主义通俗化道路。在他长达近18年的北京时期，他投入了很大精力进行马克思主义理论教育。他在讲课中善于用自己消化了的语言，辅以一些恰当的实例，将深奥的原理说得简单明了。譬如，艾思奇同志讲历史唯物主义，引用中国"英雄造时势，时势造英雄"的成语，以三国诸葛亮只能三分天下占据一分为例，说明"英雄是社会发展潮流中产生的。顺应社会潮流，英雄才能成为英雄。不顺应社会潮流，或客观条件不具备，英雄便无用武之地。"⑤ 进而说明社会存在决定社会意识。艾思奇在讲辩证唯物主义关于必然和偶然这对范畴时，他选择反动派这个角色为例，说明了一切反动的，不得民心的反动派必然失败，至于失败灭亡的时间，则带有偶然性。这些简单明了的案例，把道理讲得透彻明白。除了从事马克思主义理论教育活动以外，艾思奇在北京时期完成的另外一项重要工作就是编写了富有中国特色的马克思主义哲学教科书，他在编写教科书时也相当注重使用中国式语言，尤其是在较难懂的地方用中国的通俗语言加以解释，譬如，用"胡子眉毛一把抓"形容处理问题不能不分轻重缓急、主次先后，而应抓住主要矛盾加以解决，用"解剖麻雀"来形容认识有一个从个别到一般、又由一般到个别的方法，用"真老虎纸老虎"形容对待帝国主义在战术和战略上所持的对立统一的态度。此外，艾思奇在忙于研究与宣传毛泽东思想的过程中，也

---

① 《艾思奇全书》第1卷，人民出版社2006年版，第486页。

② 《艾思奇全书》第3卷，人民出版社2006年版，第379页。

③ 同上书，第492页。

④ 同上书，第451页。

⑤ 卢国英：《智慧之路：一代哲人艾思奇》，人民出版社2006年版，第466页。

十分注重通俗易懂、深入浅出、生动形象地解读相关理论。譬如，艾思奇在帮助工人、农民解读毛泽东的《矛盾论》时，启发工人将人民内部的矛盾原理与工厂车间里的具体矛盾结合起来思考，"想想我们的车间、厂子里，有没有内部矛盾，领导和被领导、工人和工人之间有没有矛盾，这些矛盾有没有揭露出来、摆出来，矛盾解决了没有，如果没有解决，我们就要想办法解决。"① 启发农民"应用正确处理人民内部矛盾的原理来解决自己中间某些人互不团结的问题"②。同样，艾思奇在帮助领导、群众解读毛泽东的《实践论》时，一方面，他强调领导应将《实践论》原理与参加实践联系起来，如他所说："领导者个人应该参加生产，参加阶级斗争。首先自己应该有亲身的经验，但是不能仅仅限于个人的实践……领导者首先应该向群众当学生，学习群众的各种经验。"③ 另一方面，他也强调群众要参与管理，并以工业中的"两参一改"、农业中的"种试验田"④ 制度为例，说明生产中一旦建立起互相合作的关系之后，生产实践的发展就会出现惊人的巨大的推动力。可见，艾思奇是将马克思主义通俗化贯穿于他在北京所从事的教育、写作、理论研究等各项事业当中。

三 艾思奇探索马克思主义大众化的历史反思

（一）不能忽视马克思主义通俗化事业

众所周知，艾思奇是马克思主义大众化事业的杰出人物，他在将马克思主义理论从深奥引向通俗、从抽象引向具体上，为我们树立了光辉的榜样，写作出版了《大众哲学》、《哲学与生活》、《思想方法论》等很多本通俗读物。但在这些成果涌现的 20 世纪 30 年代，理论界却很少有人关注马克思主义通俗化事业，正如他曾在 1936 年 9 月所写的《我怎样写成〈大众哲学〉的?》一文中说："在两三年前，在《读书生活》中《大众哲学》以及柳湜先生的《街头讲话》等没有出世以前，就很少人注意到通俗

---

① 《艾思奇全书》第 7 卷，人民出版社 2006 年版，第 135 页。
② 同上书，第 183 页。
③ 《艾思奇全书》第 8 卷，人民出版社 2006 年版，第 655 页。
④ 《艾思奇全书》第 7 卷，人民出版社 2006 年版，第 174 页。

化的问题，甚至于对于通俗化的工作轻视的人也是有的。"① "我同意有一个刊物所批评的话说："现在不是没有人能写出更好的同类的书，而是没有人来努力。"② 可见，20 世纪 30 年代的理论界，普遍存在着对马克思主义通俗化事业的价值认识不充分的弊端。包括艾思奇本人也曾有过思想上的偏见。"老实说，我自己就多少有点偏见，把理论的深化看得比通俗化更重要。"③ 而《大众哲学》的广受欢迎，则使艾思奇受到了教育："读者们接受《大众哲学》的热情教训了我，使我深深地领悟到通俗化的意义了。"④

　　事实上，就艾思奇个人兴趣而言，他"仍是想尽量偷空做些专门的研究。"⑤ 他曾实事求是地谈起自己为了大众化而牺牲了学术研究："《大众哲学》实在花费了我不少的精力。如果我用同样的精力来做专门的学术研究，我想至少也可以有两倍以上的成绩了罢。"⑥ 但他并不后悔自己的这种选择，他在《我怎样写成〈大众哲学〉的?》文中说："这一部书竟写成了，而且竟意外地获得了不少读者，这又使我的心理感到了一些安慰，感觉到一年的功夫也并没有白花。"⑦ 反倒在这种付出中加深了对通俗化事业的认识，他曾说过："我所感到欣慰的是，因为《大众哲学》的出现，因为读者诸君对于这本书的热烈的爱好，研究专门学问的许多人（连我自己也在内）也许会因此深切地明白了中国大众在智识上需要些什么，因此也知道自己为了他们应该写些什么。我自己正是因为这样才把当初写作时的那种踌躇的心情抛弃了，更有勇气地来做一些我认为应该做的工作。我相信另外的许多朋友也会有这种同感。"⑧

　　现今，我们虽已普遍认识到了：马克思主义通俗化，本身就是一项重要的学术工作。但我们在具体从事马克思主义通俗化事业的过程中，始终要注意克服通俗化事业带给我们的重重考验，在思想认知上始终高度重视马克思主义通俗化事业，不厌倦琐碎的案例分析，不冲突于个人对理论研究的偏好。倘若我们尝试着将深邃的学术理解注入到通俗化进

---

　　① 《艾思奇全书》第 1 卷，人民出版社 2008 年版，第 601 页。

　　② 《艾思奇全书》第 1 卷，人民出版社 2006 年版，第 605 页。

　　③ 同上书，第 601 页。

　　④ 同上。

　　⑤ 同上。

　　⑥ 同上书，第 602 页。

　　⑦ 同上书，第 605 页。

　　⑧ 同上。

程，将深邃的学术研究转化、凝练为寓意深刻且语言通俗的道理，将有利于把马克思主义大众化事业推向新台阶，这无疑是值得我们研究与探讨的课题。

（二）不能局限于解读与宣传马克思主义

艾思奇穷其一生来从事对马克思主义的宣传、解读、研究，他用自己的实际行动传播着马克思主义，影响了几代人的思想，是公认的杰出的马克思主义者。除了宣传、解读马克思主义以外，他还十分注重对马克思主义的创新，譬如，他曾在1940年2月所写的《论中国的特殊性》中鲜明地指出："理解精通马克思主义，不仅是指马克思主义的理论研究，而同时是指在一定国家的特殊条件下进行创造马克思主义的事业。是给马克思主义的总宝库放进一些新贡献。"[①] 可见，他所理解的马克思主义中国化，已经包含了"创造"的含义。当然，他为此也作出了不少尝试，譬如，艾思奇在上海时期写作《大众哲学》时，就曾对马克思主义哲学的相关原理进行了创造性解读：以"谈虎色变"来解读"形式与内容"，用"笑里藏刀"来解读"现象与本质"，以"雷峰塔的倒塌"来论证质量互变律，用"鸡蛋孵小鸡"来比喻否定之否定规律，等等。延安时期，艾思奇于1938年4月首次提出了马克思主义哲学中国化现实化的概念，为毛泽东提出"马克思主义中国化"概念埋下了伏笔，这本身就具有开创意义，是对马克思主义的丰富与发展。尔后，艾思奇又创造性地提出了"哲学的党性原则"、"马克思主义辩证法运动观有五大特点"、"事物根本质变之前会发生部分质变"等新的观点，进一步创新与发展了马克思主义的理论内容。北京时期，艾思奇在编写教科书时又引入了中国方法论的一系列创造，如"实事求是"、"有的放矢"、"调查研究"、"两点论"、不能"眉毛胡子一起抓"，等等，这些都是结合中国实际，丰富和发展马克思主义的典范。总的来说，纵观艾思奇的一生，他始终坚持以马克思主义原著为蓝本，从事着对马克思主义以及毛泽东思想的宣传、解读和理论研究，在对马克思主义的创新上，他所作出的努力也是有目共睹的。这启迪着我们在今后从事的马克思主义理论研究中，要结合当今时代形势，关注社会实践，回答现实问题，在创新马克思主义上作出更多的尝试与努力，不能局限于解读

---

① 《艾思奇全书》第2卷，人民出版社2006年版，第775页。

与宣传马克思主义，否则就狭隘化了。

（三）不能将学术与政治挂钩

艾思奇作为一名学者，始终注意保持清醒的头脑和思想的独立性。但由于20世纪60年代的时代条件所限，尤其是在1962年9月党的八届八中全会以后，党内"左"的思潮泛滥，阶级斗争扩大化，这使很多人产生了思想上的偏差，即使是文化水平相对较高的党员和学者们，也不同程度地受到了影响，艾思奇也不例外。他在1964年至1965年所发生的"一分为二"和"合二而一"的争论中，曾把杨献珍的"合二而一"观点作为形而上学的"矛盾调和论"、"阶级调和论"来批判。这种学术上的偏颇，与当时阶级斗争扩大化的历史背景是不无联系的，是在党内领导人将我国社会主义社会发展过程中所存在的一定范围的阶级斗争扩大化和绝对化的错误思想指导下进行的。

学术问题本应是"百花齐放、百家争鸣"，却被当作阶级斗争来处理，上纲为政治问题，这显然是错误的。人们的思想一旦存有禁锢，就不利于马克思主义真理越辩越明，也不利于马克思主义得以自由而广泛地传播。在当时的时代环境下，艾思奇本人也是受害者之一，由于康生、陈伯达等反动派人士的阴谋煽动，艾思奇及其《大众哲学》被冠以莫须有的罪名横遭批判，他在领袖的产生是必然还是偶然问题上的学术观点也被扭曲了本意，导致有反党嫌疑。艾思奇和许多学者曾因这些不符合事实的罪名，而受到了不公正对待，承受了很大的冤屈。艾思奇本人险些被打成右派，更有甚者，一些学者还遭遇牢狱之灾，蒙冤二十多年。这些教训无疑是惨痛的，我们必须引以为鉴。

四　艾思奇推进马克思主义大众化的现实启示

艾思奇穷其一生为马克思主义大众化所作的探索与诸多贡献对于我们现今推进大众化事业，具有重要的启示意义。尽管今天的情况已经发生了巨大变化，大众化的具体对象、目的和任务与过去相比已有所不同，但其本质内涵和基本功能却是一致的，因而前人给我们留下的历史经验对于我们后人仍弥足珍贵。

（一）推进马克思主义大众化必须以学透马克思主义基本原理为突破口

当代中国，欲实现马克思主义大众化，就必须以学透马克思主义基本原理及其最新成果为突破口，培养一批像艾思奇一样的理论大家。只有具备深厚的理论底蕴和宽广的学术视野，并善于运用通俗易懂、深入浅出、生动形象的方式进行理论宣传工作，才能真正成为马克思主义大众化事业的带头人和践行者。为此，我们必须在多个方面进行努力。一是要创作和编写出一大批高水平的马克思主义通俗读物。马克思主义的通俗化不等于简单化，更不是肤浅化和庸俗化。写出高水平的雅俗共赏的马克思主义的通俗读物是一项艰难的工作，必须花大力气去做。就目前来说，像韦正翔的《大众化的马克思主义》、洪远朋的《通俗〈资本论〉》、韩树英的《通俗哲学》、陈俊宏的《中国特色社会主义理论体系核心观点解读》、朱良志的《中国文化亮点通俗读本》等书目，深得群众的喜爱。各级领导应该根据需要选取好的读本作为理论培训教材，这是马克思主义大众化的一项基础工作。二是要将马克思主义理论方法化。马克思主义理论不是教条而是方法，只有从马克思主义原理中引申出具体的方法才会更具有普及意义。我们必须研究与整理马克思主义理论中包含的"一切从实际出发"、"实事求是"、"一分为二"、"两手抓"等常用的方法，并且让广大干部群众真正学会如何活用这些方法，只有如此，马克思主义大众化才能落到实处，也才能具有长久的生命力。三是要将学习型宣讲活动常态化和制度化，我们应着力搭建马克思主义宣讲平台，以讲促学；奋力推动学习型活动经常化；努力建立与完善学习型长效机制。

（二）推进马克思主义大众化必须以贴近百姓生活为中心

由于百姓的思维总是围绕着其生活展开，所以，他们所需要的理论必须是与他们的生活相关、对其生活有用、能够帮助其解决实际问题的。艾思奇之所以成为马克思主义大众化的开路先锋，是因为他始终注意将理论与生活相结合。当代中国要继续推进马克思主义大众化，必须像艾思奇一样始终以贴近百姓生活为中心，将理论生活化。为此，理论工作者要深入群众、深入基层、深入实践去了解群众的生活与关切，将抽象的理论与党的惠民政策特别是现实中的热点难点问题相结合，言群众之所言，想群众之所想。为了便于群众理解和接受，我们可以借鉴艾思奇一些宣传"技艺"，例如，将中国特色社会主义理论体系的一些重要的理论观点制成宣传挂图，免费送到城市社区和农家书屋，并用百姓的视角、百姓的语言、百姓理解问题的方式讲解理论；发放以衣食住行、子女就学、医疗与养老保险等现实问题为主题的图文并茂的通俗小册子，并开展各种类型的惠民活动；通过文艺演出、电影播放、红色旅游等形式开展精神文明创建活动，让群众在这些活动中潜移默化地接受党的基本理论和基本路线。

（三）推进马克思主义大众化必须以解决现实问题为重要基础

众所周知，理论大众化的程度，取决于理论满足大众需求的程度。马克思主义是人们认识世界、观察事物、分析问题的锐利武器，马克思主义本身所关注的就是现实世界，也只有关注社会热点、社会难点问题，深入挖掘当前人民内部矛盾产生的根源，解答不同社会阶层的各种现实问题，马克思主义理论才能为大众所掌握。艾思奇在其一生所从事的马克思主义大众化事业中，始终围绕战争与革命、解放与发展等现实问题，进行不懈奋斗，为我们做了很好的榜样。自改革开放以来，我国实现了从传统计划经济向现代市场经济的转变，我国政治格局也日趋迈入民主化法制化的轨道，文化格局也从单一走向繁荣。但是，随着改革进入攻坚阶段，在市场经济的强烈冲击下，社会利益多元化格局日益明显，个体的价值追求亦出现了多元化态势。再加上党内一些腐败现象、官僚主义作风盛行，极大地挫伤了人民群众的感情与现实利益，引发了各种人民内部的矛盾冲突，社会阶层分化的趋势日益凸显，引发了人们的思想困惑，迫切需要科学理论的指导。因此，当代中国马克思主义只有密切回应社会大众关心关注的社会现实问题，分析发展过程中出现的各种新情况新问题，才能具备最大的理论说服力。首先，应在改善民生问题中推进马克思主义大众化。民生问题是老百姓最关心的问题，十八大专门论述了以改善民生为主题的社会建设，针对住房、医疗、收入、保险等最为关切的民生问题，进行了详细的探讨，这无疑增强了马克思主义尤其是中国特色社会主义理论体系的感召力。其次，我们应该在消除腐败中推进马克思主义大众化。党风廉政建设直接影响到党的公信度，也影响着人民群众对马克思主义指导思想的认同度。只有党员干部真正为百姓谋福利，切实地践行人民公仆的职责，才能及时纠正党风方面存在的问题，赢得人民的尊重与信任，进而在推动当代中国马克思主义大众化过程中发挥模范带头作用。最后，我们应该在维护社会公平、正义、稳定中推进马克思主义大众化。社会稳定安宁、人民团结幸福、法治公平正义，这是中国共产党领导人民构建社会主义和谐社会，按照民主法治、公平正义、诚信友爱、充满活力、安定有序、人与自然和谐相处的总要求，力图实现的基本愿景。只有加强社会治安综合治理，依法坚决打击各种危害国家安全和利益、危害社会稳定和经济发展的犯罪活动和犯罪分子，消除各种不公正不合理的制度，进一步完善我国社会保障体系，才能为国家发展、人民幸福提供最基本的保障，也才能保护最广大人民的根本利益，让其深信中国共产党立党为公、执政为民的理念，使党的指导思想马克思主义赢得社会各阶层的广泛认同，从根本上体现社会主义制度的优越性。

(四)　推进马克思主义大众化必须以多样化路径的运用为重要条件

艾思奇在他所经历的上海时期、延安时期和北京时期，由于受到历史条件的限制，主要采用的是报纸、期刊、画册、图书、文艺表演、广播等媒介与方式，对大众进行马克思主义的理论教育。现今科技发展日新月异，我们在采用以上传统方式的基础上，还应有效利用网络、手机等新型传播媒介，扩大马克思主义理论的普及范围。譬如，我们可以把微博、贴吧、QQ空间、博客、论坛等建设成为发布与分享马克思主义理论常识、提倡向先进模范人物学习的重要平台；也可以把红卡片的制作与邮寄、红彩信的编辑与发送作为交流思想的重要渠道；还可以打造一批具有广阔理论视野的电视节目品牌、思想理论类优秀网站、红色益智问答栏目、红色经典网站，拍摄文献纪录片、人物专题片、课程讲座视频等精彩、生动的影视资料来推动马克思主义大众化。近年来，中央电视台摄制的大型纪录片《大国崛起》、《思想的历程》、《复兴之路》，红色专题片《中国红·英雄志》、红色青春偶像剧《恰同学少年》、清华大学教授韦正翔的马克思主义基本原理视频讲座等，都是这方面的典范。它们对于我们了解马克思主义在中国传播与发展的百年历程，学习那些对马克思主义大众化作出过突出贡献的人物及其先进事迹，以及促使广大民众在轻松快乐的氛围中学习马克思主义理论，是极有帮助的。

结　语

　　胡锦涛同志在党的十八大报告中，继十七大、十七届四中全会之后，再次强调了"推进马克思主义中国化时代化大众化，坚持不懈用中国特色社会主义理论体系武装全党、教育人民"。可以说，马克思主义大众化并不是孤立的，而是与中国化、时代化构成了运动的整体，它们三者是一个不断深化、动态发展的过程，具有鲜明的时代特征。在新形势下，如何深入把握推进马克思主义大众化的规律，借助艾思奇等老一辈马克思主义理论工作者提供给我们的经验教训，扎实开展中国特色社会主义理论体系的宣传普及工作？这是一个非常有价值的命题，也是我们当前认真学习领会和深入贯彻落实党的十八大精神、推进马克思主义中国化、时代化、大众化的一项重大任务。

　　推进马克思主义中国化、时代化、大众化，必须坚持发展着的马克思主义与发展着的中国新的实践相结合，即与时俱进地不断丰富发展马克思主义的新内容。紧密围绕"什么是马克思主义、怎样对待马克思主义，什么是社会主义、怎样建设社会主义，建设什么样的党、怎样建设党，实现什么样的发展、怎样发展"等基本问题与重大课题，不断作出新的理论概括。

　　推进马克思主义中国化、时代化、大众化必须使马克思主义最新成果为广大人民群众所掌握。理论只有为广大群众所掌握，才具有生命力。因而，马克思主义理论的最新成果要始终贴近百姓、贴近生活，才能真正为百姓所用，具有强劲的说服力。针对不同目标群体进行分类指导，结合不同阶层、不同职业、不同年龄、不同文化水平，引导他们了解中国特色社会主义理论体系的基本内容。

　　推进马克思主义中国化、时代化、大众化，归根到底在于指导实践、解决问题。因为理论在一个国家实现的程度，决定于理论满足这个国家的需要的程度。因此，要切实解决群众最关心、最直接、最现实的利益问题。这也是唯物史观、以人为本的直接体现，也是推进党的建设的内在要求。

总之，马克思主义中国化、时代化、大众化是一项系统工程。我们在当今推进马克思主义大众化的过程中，除了借鉴艾思奇推进马克思主义大众化的经验之外，还应立足中国的新环境新情况，与时俱进地分析解决新问题，实现马克思主义中国化、时代化、大众化的相得益彰。

参考文献

（一）经典著作类

[1]《马克思恩格斯选集》第1—4卷，人民出版社1995年版。

[2]《马克思恩格斯文集》第1—10卷，人民出版社2009年版。

[3]《列宁全集》第1—60卷，人民出版社1984年版。

[4]《列宁选集》第1—4卷，人民出版社1995年版。

[5]《毛泽东文集》第1—8卷，人民出版社1999年版。

[6]《毛泽东选集》第1—4卷，人民出版社1991年版。

[7]《艾思奇全书》第1—8卷，人民出版社2006年版。

[8]《艾思奇文集》第1—2卷，人民出版社1983年版。

[9]中共中央文献研究室：《建国以来重要文献选编》（第1—2册），中央文献出版社1992年版。

[10]中共中央文献研究室：《建国以来重要文献选编》（第18册），中央文献出版社1998年版。

[11]艾思奇：《大众哲学》，生活·读书·新知三联书店1979年版。

[12]艾思奇：《大众哲学》，新华出版社2001年版。

[13]艾思奇主编：《辩证唯物主义和历史唯物主义》，人民出版社1978年版。

[14]艾思奇：《实践与理论》，读书生活出版社1939年版。

[15]《十七大报告辅导读本》，人民出版社2007年版。

[16]《十八大报告辅导读本》，人民出版社2012年版。

（二）一般著作类

[1]卢国英：《智慧之路：一代哲人艾思奇》，人民出版社2006年版。

[2]王丹一：《马克思主义哲学家艾思奇》，中共中央党校出版社1987

年版。

［3］刘白羽、郑易里等编：《一个哲学家的道路》，云南人民出版社1985年版。

［4］卢国英、许全兴等编：《马克思主义哲学家艾思奇》，中共中央党校出版社1987年版。

［5］李金山：《大众哲学家——纪念艾思奇诞辰百年论集》，中共党史出版社2011年版。

［6］丁俊萍、熊启珍：《中国化的马克思主义概论》，武汉大学出版社2003年版。

［7］龚士其：《杨献珍传》，中共党史出版社1996年版。

［8］李今山：《缅怀与探索——纪念艾思奇文选（1981—2008）》，中共中央党校出版社2010年版。

［9］解清：《想起了艾思奇同志》，云南人民出版社1985年版。

［10］马汉儒：《哲学大众化第一人——艾思奇哲学思想研究》，云南人民出版社2008年版。

［11］张秋红：《马克思主义大众化》，中国书籍出版社2013年版。

［12］韦正翔：《大众化的马克思主义》，中国社会科学出版社2012年版。

［13］白亚锋：《马克思主义大众化研究》，中国农业科学技术出版社2011年版。

［14］吴东华：《传承与创新——马克思主义中国化新进展研究》，人民出版社2012年版。

［15］王增智：《马克思主义中国化的早期探索》，人民出版社2012年版。

［16］李俊卿：《高校马克思主义大众化水平研究》，知识产权出版社2012年版。

［17］郭建宁：《马克思主义中国化前言问题研究》，安徽人民出版社2012年版。

［18］俞可平：《改革开放与马克思主义中国化》，重庆出版社2009年版。

［19］陶德麟、何萍：《马克思主义哲学中国化的理论与历史研究》，北京师范大学出版社2011年版。

[20] 曾德祥：《马克思主义中国化发展进程研究》，西南财经政法大学出版社 2005 年版。

[21] 周连顺：《探索、出路与启示——毛泽东与马克思主义中国化》，人民出版社 2009 年版。

[22] 邓剑秋：《马克思主义中国化思想》，人民出版社 2009 年版。

[23] 渠长根：《马克思主义中国化、大众化、时代化若干问题研究》，研究出版社 2011 年版。

[24] 赵智奎、金民卿：《马克思主义中国化研究报告》，社会科学文献出版社 2012 年版。

[25] 侯波：《马克思主义大众化思想与规律性研究》，中国社会科学出版社 2011 年版。

[26] 潘世伟：《上下求索九十年——中国共产党建党以来马克思主义中国化、时代化和大众化的探索历程》，上海学林出版社 2011 年版。

[27] 高洪力、李秀芝：《马克思主义大众化的价值及实现方式研究》，光明日报出版社 2012 年版。

[28] 陈曙光：《马克思主义中国化时代化大众化的理论与历史研究》，学习出版社 2012 年版。

[29] 程伟：《延安整风时期的理论教育及其当代价值研究》，中国社会科学出版社 2008 年版。

[30] 卢少求：《延安时期中国共产党执政文化建设研究》，安徽大学出版社 2009 年版。

[31] 张世飞：《五四时期马克思主义大众化经验研究》，中国社会科学出版社 2011 年版。

[32] 王经西、王克群：《马克思主义中国化时代化大众化历史进程、经验和规律研究》，山东人民出版社 2012 年版。

[33] 李栗燕：《当代中国马克思主义大众化进程中的对话平台研究》，科学出版社 2012 年版。

[34] 肖冬松、颜晓峰：《铸造推进马克思主义大众化新辉煌》，解放军出版社 2012 年版。

[35] 陈占安：《马克思主义大众化的历史经验》，北京出版社 2012 年版。

[36] 冯刚：《高校马克思主义大众化研究报告（2009）》，光明日报

出版社 2009 年版。

［37］韩玲：《马克思的理论教育思想研究》，中国社会科学出版社 2009 年版。

［38］渠长根：《马克思主义中国化、大众化语境下的红色文化研究》，中国工商出版社 2013 年版。

［39］刘勇：《马克思主义大众化的实践研究》，中国矿业大学出版社 2012 年版。

［40］章传家、毕京京：《谱写推进马克思主义时代化的新篇章》，解放军出版社 2012 年版。

［41］杨苏：《艾思奇传》，云南教育出版社 2002 年版。

［42］谢本书：《战士学者艾思奇》，贵州人民出版社 2000 年版。

（三）论文类

［1］左亚文、朱国宗：《时代逻辑与马克思主义的时代化和大众化》，《探索》2010 年第 4 期。

［2］左亚文、石海燕：《马克思主义大众化的语言特色》，《探索》2011 年第 5 期。

［3］胡丰顺、左亚文：《关于推进当代中国马克思主义大众化的思考》，《湖北社会科学》2008 年第 9 期。

［4］郭建宁：《马克思主义的大众化、通俗化、现实化与中国化——纪念艾思奇诞辰 100 周年》，《湘潭大学学报》（哲学社会科学版）2008 年第 4 期。

［5］王梅清：《上海时期艾思奇对马克思主义大众化的贡献及其启示》，《江西社会科学》2012 年第 12 期。

［6］王红梅、字振华：《艾思奇精神对当代马克思主义理论工作者的启示——"五个坚持与五个反对"》，《云南行政学院学报》2012 年第 6 期。

［7］杨奎：《坚持马克思主义哲学的大众化、通俗化路向——"艾思奇与马克思主义哲学中国化研讨会"述要》，《思想理论教育导刊》2008 年第 4 期。

［8］邸乘光：《中国共产党推进马克思主义大众化的基本经验》，《中国井冈山干部学院学报》2012 年第 5 卷第 4 期。

［9］焦金波、陈答才：《延安时期毛泽东发起的学习运动与马克思主义大众化》，《毛泽东思想研究》2011 年第 28 卷第 2 期。

［10］邵长鹏：《延安时期陈云对马克思主义大众化的探索与贡献》，《成都理工大学学报》（社会科学版）2012 年第 20 卷第 1 期。

［11］苏星鸿、刘基：《试论马克思主义中国化、时代化、大众化的整体性》，《甘肃社会科学》2010 年第 4 期。

［12］吴家华：《马克思主义在推进和实现中国化过程中的若干特点》，《教学与研究》2012 年第 11 期。

［13］张明仙：《马克思主义大众化艺术语言的内涵与特征》，《云南行政学院学报》2012 年第 2 期。

［14］高丽红：《论延安时期马克思主义理论教育及历史经验》，《合肥学院学报》（社会科学版）2012 年第 29 卷第 2 期。

［15］石云霞、陈曙光：《关于马克思主义中国化时代化大众化的若干思考》，《马克思主义研究》2010 年第 9 期。

［16］张盛文：《当代中国马克思主义大众化实效性探究》，《沈阳大学学报》（社会科学版）2012 年第 14 卷第 1 期。

［17］薛金慧：《从〈大众哲学〉看马克思主义大众化的历史经验》，《重庆交通大学学报》（社会科学版）2008 年第 8 卷第 4 期。

［18］郭晶婧：《艾思奇与马克思主义哲学的中国化、大众化》，《华章》2012 年第 20 期。

［19］黄琳庆：《艾思奇对马克思主义哲学中国化、时代化、大众化的重要贡献》，《广西社会科学》2011 年第 11 期。

［20］王寿林：《艾思奇与两次理论学习运动——纪念艾思奇诞辰 100 周年》，《党史研究与教学》2010 年第 2 期。

［21］奚义生：《延安整风与新时期党的作风建设》，《中国延安干部学院学报》2009 年第 4 期。

［22］卫兴华：《整顿学风文风和党风的当代意义——纪念延安整风运动 70 周年》，《中国近现代史研究》2012 年第 9 期。

［23］袁芬：《艾思奇对马克思主义哲学的通俗化、大众化及其哲学精神》，《保山学院学报》2010 年第 3 期。

［24］冯波、郭晶婧：《解放后艾思奇对马克思主义哲学中国化大众化的贡献及其启示》，《思想政治教育导刊》2012 年第 28 卷第 3 期。

［25］陈金星：《从真理到意识——对艾思奇的马克思主义哲学大众化途径的几点思考》，《文教资料》2011 年 4 月。

［26］李富江：《建国初期马克思主义大众化之研究》，《陕西职业技术学院学报》2011 年 6 月。

［27］田福宁：《延安时期党对马克思主义大众化的探索》，《党史研究与教学》2010 年 6 月。

［28］黎见春：《建国初期马克思主义大众化的特点论析》，《三峡大学学报》2011 年 5 月。

［29］陈占安：《建国之初的理论学习活动与马克思主义大众化》，《学校党建与思想教育》2009 年 10 月。

［30］余炳武：《推进马克思主义大众化——纪念艾思奇同志诞辰 100 周年》，《红旗文摘》2010 年 9 月。

［31］康月平：《新民主主义革命时期毛泽东对马克思主义大众化的贡献及当代启示》，《黑河学刊》2012 年 2 月。

［32］黎永泰：《抗战时期艾思奇哲学活动的时代特征》，《四川大学学报》（哲学社会科学版）1991 年 2 月。

［33］张宏辉、汪涵：《延安时期艾思奇对马克思主义中国化的探索与贡献》，《中国延安干部学院学报》2008 年 5 月。

［34］王纪鹏、邢瑞娟：《略论延安时期的文化教育和文艺工作》，《重庆科技学院学报》（社会科学版）2008 年 12 月。

［35］高红、范秀同：《近二十年来马克思、恩格斯平等思想研究综述》，《三峡大学学报》（人文社会科学版）2011 年 3 月。

［36］曹爱琴：《艾思奇与延安时期的马克思主义中国化运动——纪念艾思奇诞辰 100 周年》，《毛泽东思想研究》2010 年 9 月。

［37］王伟光：《艾思奇与马克思主义哲学中国化》，《学术探索》2009 年 6 月。

［38］王哲、董遂强：《延安时期毛泽东推进马克思主义大众化的思想与方法探微》，《江苏技术师范学院学报》2011 年 3 月。

［39］黄瑞：《从艾思奇看马克思主义大众化传播》，《改革与开放》2011 年 12 月。

［40］文茂琼：《延安时期马克思主义大众化的历史经验》，《绵阳师范学院学报》2010 年 3 月。

［41］ 王青：《延安时期的干部教育在马克思主义大众化中的作用及启示》，《中国井冈山干部学院学报》2012 年 5 月。

［42］ 魏继昆：《论延安时期马克思主义中国化与大众化的互动》，《天津师范大学学报》2011 年 3 月。

［43］ 彭厚文：《建国初期的马克思主义大众化及其历史经验》，《许昌学院学报》2009 年 6 月。

［44］ 佘君、李燕：《建国初期马克思主义大众化的内容选择及历史启示》，《马克思主义与现实》2012 年 4 月。

［45］ 牟德刚：《建国初期的马克思主义理论教育及其启示》，《东岳论丛》2007 年 11 月。

［46］ 蒋明敏：《论延安时期与建国初期马克思主义大众化的共用经验及其当代启示》，《马克思主义与现实》2011 年 10 月。

［47］ 吴丽霞：《建国初期马克思主义大众化的历史考察与特点论析》，《群文天地》2012 年 3 月。

［48］ 庄福龄：《艾思奇对马克思主义哲学中国化的突出贡献》，《现代哲学》2008 年 11 月。

［49］ 佘君：《建国初期中国共产党推进马克思主义大众化的历史经验》，《党史研究与教学》2010 年 12 月。

［50］ 沙平：《艾思奇与毛泽东的"哲学情"》，《党史博采》2007 年 7 月。

［51］ 周宏军：《贴近群众生活：推进新时期思想政治工作方法的大众化》，《当代教育理论与实践》2012 年 2 月。

［52］ 杨全海：《毛泽东与马克思主义大众化研究》，河北师范大学，2011 年 5 月。

［53］ 张维功：《建国初期知识分子思想改造运动述评》，湘潭大学，2005 年 5 月。

［54］ 宋爽：《延安时期马克思主义大众化的开展及其经验启示》，浙江师范大学，2011 年 5 月。

［55］ 缪柏平：《艾思奇哲学道路研究》，中共中央党校，2004 年 6 月。

［56］ 王忠：《建国初期中国共产党关于干部队伍建设的思想》，东北师范大学，2006 年 12 月。

［57］王康康：《艾思奇在中国马克思主义哲学大众化进程中的探索与实践》，哈尔滨工业大学，2009 年 6 月。

［58］林曾芬：《延安时期马克思主义大众化的历史考察与经验启示》，福建师范大学，2011 年 5 月。

［59］刘艳：《20 世纪早期中国马克思主义哲学大众化研究》，内蒙古大学，2010 年 6 月。

［60］富艳：《延安时期思想政治工作与马克思主义大众化研究》，中南民族大学，2011 年 6 月。

［61］周京晶：《艾思奇的哲学大众化及其对当代中国的启示》，河北师范大学，2011 年 5 月。

［62］郑二菠：《艾思奇与马克思主义哲学大众化研究》，西南财经大学，2012 年 4 月。

［63］Chen-shan TIAN. Ai Siqi's Reading Of the Marxian Notion of "Existence Versus Consciousness". *Journal of Chinese Philosophy*. 2002（03）.

［64］Shang-wu WANG. The Image of Anne in Chinese Readers' Eyes：Reflections on the Popularization of Canadian Literature in China. *Studies in Literature and Language*. 2010（06）.

［65］Guiren Yuan. The issue of style of study in research on Marxist philosophy. *Social Sciences in China*. 2008（02）.

［66］Li Wei-Wu. Studies on the Sinicization of Marxist Philosophy from the Perspective of 20th Century Chinese Philosophy. *Philosophical Analysis*. 2010（04）.

［67］Shi-guo BAO. The Multiple Dimension of the Popularization of the Contemporary Marxism. *Journal of Anhui Electrical Engineering Professional Technique College*. 2009（02）.

后　记

　　值此专著出版之际，我内心充满了无限的感恩之情。首先，要感谢我的导师左亚文教授。他从论文选题、提纲制定到修改润色等各个环节，都给予了充分的指导。我最终能顺利完成写作，与恩师的精心指导密不可分！在此致以最诚挚的谢意！四年来，我时时感受着老师治学严谨、为人谦和、诲人不倦的师者魅力，聆听着他对我的谆谆教诲和悉心指导，这些都构成了我不断前行的精神动力！

　　感谢顾海良教授、张雷声教授、孙来斌教授、袁银传教授、李楠教授、李资源教授、余永跃教授、杨军教授、曹亚雄教授、张乾元教授等给我的章节写作提出了宝贵意见，使我受益匪浅！您们的治学态度、学术情怀和人格魅力，是我一生学习的榜样！

　　我由衷地感谢中南财经政法大学对本人学位论文的资助出版，感谢学院与科研部老师们的帮助与支持！感谢我的家人对我学业的支持，为我解决了各种后顾之忧！

　　因本人对艾思奇的研究尚处于初始阶段，加上能力水平有限，书中肯定会有不少疏漏与不足之处，敬请各位专家、学者、朋友们多批评指正！

王梅清

2014 年 10 月 7 日